Mutter Teresa
»Ich bin Gottes Bleistift«

Gedanken für jeden Tag

Herausgegeben von Angelo Devananda

Verlag Neue Stadt
München · Zürich · Wien

Ein Buch aus der Reihe: *Saatkörner*

Titel der Originalausgabe: *Jesus, the Word to be Spoken*

Übersetzung aus dem Englischen: Stefan Liesenfeld

1. Auflage der Neuausgabe 2008

Umschlagabbildung: Città Nuova Editrice, Rom
Umschlaggestaltung und Satz: Neue-Stadt-Graphik
Druck: freiburger graphische betriebe, Freiburg i. Br.
ISBN 978-3-87996-756-8

Vorwort zur Neuausgabe

Der Name Mutter Teresa ruft auch über zehn Jahre nach ihrem Tod am 5. September 1997 immer noch Bilder in uns wach: eine Frau im weißen Sari mit blauen Borten, auf dem Arm ein krankes Kind, niedergebeugt zu einem Sterbenden, einem Verhungernden Essen gebend …

„Die Armen" und „Jesus": das sind die Wörter, die in den Briefen und Reden von Mutter Teresa am häufigsten vorkommen. Mit 36 Jahren traf sie die Entscheidung, zu leben wie die Ärmsten der Armen und ihnen konkret zu helfen. Sie verließ ihre Ordensgemeinschaft, die Loreto-Schwestern, und ihre Stelle als Rektorin einer bengalischen High School. Sie wollte lieben, wie Jesus liebte; helfen, wie er half; dienen, wie er diente.

Immer wieder, oft mit den gleichen Worten hat sie von „ihren Armen" erzählt, von Schlüsselerlebnissen, durch die sie tiefer verstand, wie kostbar gerade die Menschen sind, um die sich niemand kümmert. In ihnen begegnete sie Jesus, wenn auch, wie sie es formulierte, in einer „armseligen Verkleidung".

„Gäbe es Arme auf dem Mond, würden wir auch dorthin gehen", sagte sie einmal. So weit mussten sie zwar nicht gehen, doch „Arme" fanden sie nicht nur in Indien, nicht nur in der sogenannten Dritten Welt, sondern auch in den vermeintlich reichen Ländern. Die

Not in Westeuropa zum Beispiel ist anders, aber doch auch dramatisch und in mancher Hinsicht schwieriger zu beheben. Das sah die kleine Frau mit den wachen Augen sehr deutlich:

„Es ist leichter, den materiellen Hunger der Menschen zu stillen, den Armen Kleidung und Wohnung zu geben; viel schwieriger ist es, eine Antwort zu finden auf die schreckliche Einsamkeit, auf die Not der Herzen … Wenn ich jemanden von der Straße auflese, der Hunger hat, gebe ich ihm eine Schüssel Reis, ein Stück Brot, und damit ist der Hunger gestillt. Aber jemand, der sich ausgestoßen oder abgelehnt fühlt, der sich nicht geliebt weiß oder verfolgt wird, jemand, der aus der Gesellschaft ausgeschlossen ist …, diese Form des Hungers zu stillen, das ist viel schwieriger …

Ich habe immer mehr die Überzeugung gewonnen, dass die schlimmste Not, die ein Mensch erleben kann, darin besteht, sich verlassen zu fühlen …“

Daher hat Mutter Teresa nicht nur Gemeinschaften in Entwicklungsländern gegründet, sondern auch in den Industriegesellschaften der westlichen Welt. Ihre Schwestern arbeiten auch in Hamburg, Berlin, in London, Rom oder Stockholm.

Ein anderes Bild von Mutter Teresa, das sich uns eingeprägt hat, ist ihr faltenreiches Gesicht mit den leuchtenden Augen. Dass es in ihrem Innern oft dunkel war, sah man ihrem Lächeln nicht an. Das blieb ihr Geheimnis, das sie nur wenigen offenbarte. Nur weil einige Briefe nicht, wie sie es erbeten hatte, vernichtet worden waren, kam etwas von dieser verborgenen Innenseite ihres Lebens ans Licht. In einem Gebet aus dem Jahr 1959 schrieb sie: „‚Sie lächelt immer': So sagen die Schwestern, so sagen auch die Leute. Sie meinen, dass Glaube, Vertrauen und Liebe mich ganz erfüllen ... Wenn sie nur wüssten, dass meine Heiterkeit nur die Decke ist, unter der Leere und Elend verborgen sind!" Dann fuhr sie fort: „Herr, ich bin bereit, mit Freude all das anzunehmen. Bis zum Ende meines Lebens will ich deinem verborgenen Antlitz zulächeln."

Diesem Versprechen ist Mutter Teresa treu geblieben. In der vorliegenden Textsammlung findet sich ihr Wort: „Wahre Liebe beginnt da, wo sie uns etwas kostet. Gerade dann können wir Jesus mit Freude schenken, was er verlangt." In einem anderen Abschnitt dieses Buches teilt sie eine ungewöhnliche Lebenserfahrung mit: „Wir sind sogar physisch darauf angewiesen, Freude zu zeigen, denn die Freude schenkt uns Kraft. Eine Schwester, die froh ist, fühlt sich weniger müde und ist immer bereit, Gutes zu tun. Eine glückliche Schwester predigt auch ohne Worte. Sie ist wie der Sonnenschein der Liebe Gottes, sie weckt die Hoffnung auf das ewige Glück."

Lächeln, nicht weil einem danach zumute ist, sondern weil es den anderen gut tut, dieses Leitmotiv gab sie auch den über viertausend Schwestern mit auf den Weg. Sie schreibt: „Nehmt an, was Gott euch schenkt, und gebt mit einem Lächeln, was er euch nimmt."

Aus jahrzehntelanger Erfahrung wusste Mutter Teresa, dass dies die eigenen Kräfte oft übersteigt: „Wir brauchen viele Gnaden, um alles, was Gott gibt und nimmt, mit Freude, Liebe und einem Lächeln anzunehmen."

Für jeden Tag des Jahres hat Angelo Devananda, ein Bruder ihrer wenig bekannten und zahlenmäßig kleinen Brüdergemeinschaften, Worte, Beispiele, Anregungen und Gebete von Mutter Teresa zusammengestellt. Die Texte sind meist Briefen oder Ansprachen entnommen, in denen sie ihren Schwestern und Brüdern Lebensorientierung gibt. Das macht verständlich, dass Anliegen, die ihr besonders wichtig waren, mehrfach angesprochen werden.

„Ich bin Gottes Bleistift", sagte die gebürtige Albanerin einmal von sich. An ihrem Leben lässt sich ablesen, dass Gott eine Vorliebe für die Kleinen und Schwachen hat, für die Leprakranken und Sterbenden – und auch für die Armen in einer reichen Umwelt, für die Einsamen und innerlich Verwundeten.

Verlag Neue Stadt

Januar

1 Beten fällt schwer, wenn man nicht recht weiß, wie man beten soll. Um beten zu können, müssen wir lernen zu schweigen. Menschen, die beten können, sind Menschen, die das Schweigen lieben. Wir können uns nicht unmittelbar vor Gott stellen, wenn wir nicht innerlich und äußerlich still werden. Das heißt, wir müssen uns bemühen, unsere Gedanken, unsere Augen und unsere Zunge zum Schweigen zu bringen.

2 Wenn unsere Zunge schweigt, werden wir vieles lernen: Wir werden lernen, mit Christus zu sprechen, im Zusammensein mit ihm werden wir eine neue Freude erfahren, und wir werden entdecken, dass wir ihm vieles zu sagen haben. In der Gemeinschaft spricht Christus durch andere zu uns, bei der Meditation spricht er direkt mit uns. Das Schweigen macht uns Christus ähnlich, der für diese Haltung eine besondere Vorliebe hatte.

3 Das „Schweigen unserer Augen" hilft uns, Gott zu sehen. Unsere Augen sind wie Fenster, durch die entweder Christus oder die Welt in unser Herz gelangt. Oft erfordert es Mut und Entschiedenheit, nicht alles anzuschauen. Manchmal denken wir im Nachhinein: „Hätte ich mir das doch nicht angesehen!" Und doch bemühen wir uns so wenig, nicht alles sehen zu wollen.

4 Das Schweigen des Geistes und des Herzens können wir von Maria lernen. Sie „bewahrte alles, was geschehen war, in ihrem Herzen“ (Lk 2,19). Durch ihr Schweigen konnte sie Jesus so nahe sein, dass sie nie etwas bereuen musste. Als der heilige Josef beunruhigt war und überlegte, ob er sich von ihr trennen sollte, hätte sie ihm mit einem Wort Klarheit geben können. Doch sie schwieg. Und der Herr selbst hat ihre Unschuld bezeugt. Wären wir doch wie Maria von der Notwendigkeit des Schweigens überzeugt! Ich glaube, dann würden wir klar erkennen, wie wir zu einer tieferen Einheit mit Gott finden können.

5 Im Schweigen sehen wir alles in einem neuen Licht. Wenn wir lernen zu schweigen, können wir andere Menschen innerlich anrühren. Es kommt nicht darauf an, was wir sagen, sondern was Gott zu uns und durch uns sagt. Jesus wartet immer im Schweigen auf uns. In der Stille hört er uns zu und spricht zu uns, in der Stille hören wir seine Stimme.

6 Innerlich still werden ist schwierig und kostet Mühe. Aber es ist eine Voraussetzung, um beten zu können. In der Stille schöpfen wir neue Kräfte, finden zur Einheit mit Gott und werden so alles gut tun können. In Gott finden wir unsere Kraft; unsere Gedanken werden eins mit seinen Gedanken, unsere Gebete mit seinen Gebeten, unser Tun mit seinem Tun, unser Leben mit seinem Leben. All unsere Worte nützen nichts, wenn sie nicht von innen kommen. Worte, die nicht das Licht Christi weitergeben, mehren die Dunkelheit.

7 Innerlich still werden verlangt viele Opfer, aber wenn wir wirklich beten wollen, müssen wir bereit sein, diese Mühe auf uns zu nehmen. Es ist nur der erste Schritt hin zum Gebet, doch wenn wir den ersten Schritt nicht mit Entschiedenheit tun, gelangen wir nie zum Ziel: einem Leben in der Gegenwart Gottes.

8 Damit das Gebet fruchtbar wird, muss es aus dem Herzen kommen und das Herz Gottes erreichen. Seht, wie Jesus seine Jünger beten lehrte: Nennt Gott euren Vater; lobt und verherrlicht seinen Namen. Tut seinen Willen wie die Heiligen im Himmel; bittet um das tägliche Brot, das geistliche wie das irdische; bittet um Vergebung eurer Sünden und darum, dass ihr den anderen vergeben könnt; bittet auch um die Gnade, nicht in Versuchung zu geraten, und schließlich um die Befreiung vom Bösen, das in uns ist und uns umgibt.

9 Die Apostel baten Jesus: Lehre uns beten! Er lehrte sie ein herrliches Gebet: das Vaterunser. Ich stelle mir vor, wie Gott jedes Mal, wenn wir das Vaterunser beten, auf uns schaut. „Seht, wie der Ton in der Hand des Töpfers, so seid ihr in meiner Hand" (Jer 18,6). Wir sind in seinen Händen, mit denen er uns geformt hat, und er schaut uns an. Wie wunderbar ist doch die zärtliche Liebe unseres großen Gottes!

10 Wir sollten Spezialisten des Gebetes werden. Die Apostel haben das begriffen. Als sie vor einer Fülle von Aufgaben standen, in denen sie sich hätten verlieren können, fassten sie den Beschluss, sich

dem beständigen Gebet und dem Dienst am Wort zu widmen (vgl. Apg 6,4). Wir müssen beten auch im Namen derer, die nicht beten.

11 Bete liebevoll wie ein Kind, mit dem aufrichtigen Wunsch, viel zu lieben und dass Liebe finde, wer nicht geliebt wird.

12 Wir sollten uns unserer Einheit mit Christus bewusst sein, wie er sich seiner Einheit mit dem Vater bewusst war. Unser Dienst ist nur in dem Maße apostolisch, wie wir Christus in uns und durch uns wirken lassen und erfüllt sind von seiner Kraft und sehnsüchtigen Liebe.

13 Im Grunde gibt es nur ein wahres Gebet: Christus selbst. Es gibt nur eine einzige Stimme, die sich von der Erde zum Himmel erhebt: die Stimme Christi. Seine Stimme führt alle Stimmen zusammen, die sich im Gebet an Gott wenden, und vereint sie in sich.

14 Die Vollkommenheit eines Gebets hängt nicht von der Zahl der Worte ab, sondern von dem brennenden Wunsch, Jesus zu begegnen. Jesus hat uns dazu erwählt, Menschen zu sein, deren Leben Gebet ist. Der Wert unseres Tuns deckt sich mit dem Wert unserer Gebete. Unsere Handlungen sind nur dann fruchtbar, wenn sie Ausdruck eines aufrichtigen Gebetes sind. Wir müssen unseren Blick fest auf Jesus richten. Wenn wir mit Jesus zusammenarbeiten, werden wir alles viel

besser tun. Wenn wir dagegen versuchen, allein, ohne Jesus zu arbeiten, werden wir leicht nervös und hektisch.

15 Oft bewirken unsere Gebete deshalb nichts, weil wir nicht mit Herz und Sinn auf Christus ausgerichtet sind. Durch ihn können unsere Gebete zu Gott aufsteigen. Das innigste Gebet besteht oft einfach darin, mit inniger Liebe auf Christus zu schauen. Ich blicke ihn an, und er blickt mich an – das ist das vollkommene Gebet.

16 „Eine Familie, die zusammen betet, hält zusammen", sagte Pater Patrick Peyton über das Rosenkranzgebet in der Familie. Um wie viel mehr gilt das für uns! Gemeinsam leben, gemeinsam arbeiten und gemeinsam beten, das hilft uns, ein Leben der Frömmigkeit und der Keuschheit zu führen. Und das kommt uns in unserem Dienst an den Menschen zugute. Wir sollten uns nicht angewöhnen, unsere Gebete aufzuschieben, sondern nach Möglichkeit dabei sein, wenn die Gemeinschaft betet.

17 Jesus hat gesagt: „Lernt von mir; denn ich bin gütig und von Herzen demütig" (Mt 11,29). Wenn wir das von ihm lernen, dann werden wir einander lieben, wie er uns liebt. Deshalb sollten wir unseren Familien immer wieder empfehlen zu beten. Denn eine Familie, die gemeinsam betet, bleibt vereint. Wenn wir zusammenstehen, lieben wir einander, wie Gott uns liebt: mit großer Zärtlichkeit.

18 Die Einheit ist eine Frucht des Gebets, der Demut und der Liebe. Wenn die Gemeinschaft zusammen betet, hält sie zusammen. Dann liebt man einander, wie Jesus jeden liebt. Das Herz wird neu; ja er macht uns zu einem einzigen Herzen voller Liebe. Und wenn unsere Gemeinschaft ein Herz geworden ist, dann schenkt sie dieses Herz Jesus und Maria, seiner Mutter.

19 Wenn einer versagt oder seine Berufung verliert, kann es auch daran liegen, dass er das Beten vernachlässigt hat. Das Gebet ist die Nahrung des geistlichen Lebens. Wenn man es vernachlässigt, leidet das geistliche Leben Hunger, und der Verlust der Berufung ist unvermeidlich. Bitten wir in aller Einfachheit die Muttergottes, sie möge uns beten lehren, wie sie Jesus lehrte in all den Jahren, in denen er bei ihr in Nazaret war.

20 Viele können nicht beten, viele wagen es nicht, und viele wollen es nicht. In der Gemeinschaft der Heiligen handeln und beten wir an ihrer Stelle.

21 Liebt das Gebet; erkennt, wie notwendig es ist, oft am Tag zu beten, und nehmt die Mühe auf euch, die es mit sich bringt. Wenn ihr besser beten möchtet, dann müsst ihr öfter beten. Beten macht das Herz weit, so weit, dass es schließlich Gottes Geschenk aufnehmen kann: ihn selbst. Bittet und sucht, und euer Herz wird so weit, dass ihr ihn empfangen könnt und er euer eigen wird.

22 Vielleicht haben wir den großen Wunsch zu beten, doch es gelingt uns nicht. Wir verlieren den Mut und geben schließlich das Beten auf. Dass es uns nicht gelingt, lässt Gott zu; aber dass wir uns entmutigen lassen, will er nicht. Gott möchte, dass wir wie Kinder werden und beim Beten demütig und dankbar sind. Er will, dass wir nicht alleine beten, da wir alle zum mystischen Leib Christi gehören, der allzeit betet. Ein „ich bete" gibt es eigentlich nicht, sondern Jesus betet in mir, und Jesus betet mit mir. Deshalb betet immer der ganze Leib Christi.

23 „Ich habe den Herrn beständig vor Augen. Er steht mir zur Rechten, ich wanke nicht" (Ps 16,8). Gott ist in mir, seine Gegenwart ist mir innerlicher als ich mir selbst: „In ihm leben wir, bewegen wir uns und sind wir" (Apg 17,28). Er ist es, der allem Leben, Kraft und Sein gibt. Ohne seine tragende Gegenwart fiele alles ins Nichts zurück. Bedenke, dass du in Gott bist, umgeben von ihm, eingehüllt in ihn; du „schwimmst" in Gott.

24 Jesus Christus hat uns aufgetragen, ohne Unterlass zu beten (vgl. Lk 18,1). Der heilige Paulus sagt: „Hört nicht auf zu beten" (Eph 6,18). Gott ruft alle Menschen, im Herzen unablässig zu beten.
Lass doch die Liebe Gottes ganz und gar von deinem Herzen Besitz ergreifen. Lass zu, dass seine Liebe sozusagen zu deiner zweiten Natur wird. Achte darauf, dass dein Herz keinen Schaden nimmt, sonst könnte seine Liebe keinen Eingang mehr finden bei dir.

Bemühe dich, dass die Liebe Gottes in dir wächst, indem du versuchst, ihm in allem zu gefallen und ihm keine Bitte zu verweigern. Nimm alles, was dir widerfährt, aus seiner Hand an. Bleibe fest entschlossen, niemals wissentlich oder freiwillig einen Fehler zu begehen, und wenn du fallen solltest, dann sei demütig und steh gleich wieder auf. Wenn du so lebst, betest du ohne Unterlass.

25 Mit Großherzigkeit beten reicht nicht. Wir müssen mit Ehrfurcht, Glut und Hingabe, beharrlich und mit großer Liebe beten.

26 „Ich hatte mich entschlossen, bei euch nichts zu wissen außer Jesus Christus, und zwar als den Gekreuzigten" (1 Kor 2,2). Das Wissen, das wir weitergeben, muss der gekreuzigte Jesus sein.
Der heilige Augustinus sagt: „Bevor ein Apostel zu sprechen beginnt, soll er seine dürstende Seele zu Gott erheben. Er soll nur weitergeben, was er getrunken hat, und nur ausgießen, womit Gott ihn erfüllt hat." Der heilige Thomas schreibt: „Wer zu einem aktiven Lebens berufen ist und meint, seine Pflichten entbänden ihn vom beschaulichen Leben, der irrt sich. Jene Pflichten kommen hinzu, sie ändern aber nichts an der Notwendigkeit der Kontemplation."

27 Das aktive und das kontemplative Leben schließen einander nicht aus, im Gegenteil: Sie brauchen einander, sie bereichern und ergänzen sich. Damit das Tun fruchtbar wird, bedarf es der Kontem-

plation. Wenn diese eine gewisse Tiefe erreicht, strahlt sie auf das Tun zurück. In der Kontemplation erhält der Christ unmittelbar von Gott die Gnaden, die er in seinem aktiven Leben austeilen kann.

28 Für uns ist das Gebet eine heilige Pflicht. Im Bewusstsein der vielen Nöte und Anliegen, die wir im Herzen tragen, treten wir vor Gottes Altar. Wir beten unseren Rosenkranz, sehnen uns nach allen geistlichen Übungen und treten vertrauensvoll vor Gott, damit wir Erbarmen, Gnade und die Hilfe finden, die wir und die Menschen, denen wir dienen, brauchen.

29 Die Worte, in denen wir unser Gebet ausdrücken, sollten aus einem Herzen voller Liebe kommen. Sprecht zu Gott mit großer Achtung und voll Vertrauen. Betet mit gefalteten Händen, gesenkten Augen und erhobenem Herzen. So werden eure Gebete zu einer reinen Opfergabe vor Gott. Zieht das Gebet nicht in die Länge, betet aber auch nicht zu schnell; sprecht nicht zu laut und bleibt nicht stumm, sondern bietet Gott ungekünstelt und in aller Einfachheit, aus ganzem Herzen und ganzer Seele euren Lobpreis an. Wenn wir beten, sollten wir wissen, was unsere Worte bedeuten; wir sollten Gefallen finden an ihrem Gehalt. Dann beten wir mit großem Gewinn. Es ist ratsam, gelegentlich über einzelne Worte zu meditieren. Während des Tages können wir darin immer wieder Halt und Ruhe finden.

30 Das Gebet, das aus unserem Geist und Herzen kommt und nicht vorformuliert ist, wird *inneres Gebet* genannt. Wir dürfen nie vergessen, dass wir als Ordensleute gehalten sind, unablässig nach Vollkommenheit zu streben. Ohne die tägliche Übung des inneren Gebets können wir nicht ans Ziel gelangen. Aus diesem Gebet lebt unsere Seele, ohne es können wir nicht heilig werden. Die heilige Teresa von Avila sagt: „Wer das innere Gebet aufgibt, braucht nicht in die Hölle gestoßen zu werden; er geht von selbst dorthin."
Nur durch das innere Gebet und durch die geistliche Lesung können wir mit Gott im Gespräch bleiben. Das innere Gebet wird gefördert durch die Reinheit des Herzens, durch körperliche Bußübungen und durch die Abtötung unserer Sinne, es wird genährt durch die Hinwendung unseres Willens zu Gott. „Beim inneren Gebet", sagt der heilige Pfarrer von Ars, „schließe deine Augen und deinen Mund, und öffne dein Herz." Beim mündlichen Gebet sprechen wir zu Gott, beim inneren Gebet spricht und kommt Gott zu uns.

31 Das beste Mittel, um im geistlichen Leben voranzukommen, ist das Gebet und die geistliche Lesung. Der heilige Augustinus hat die Worte vernommen *Tolle et lege* (Nimm und lies!); und als er den Rat befolgte, wandelte sich sein ganzes Leben. Auch der heilige Ignatius wurde ein anderer Mensch, weil er während seiner Verwundung als Soldat die Lebensbeschreibungen von Heiligen las. Wir haben oft selbst erlebt, wie während einer geistlichen Lesung ein Licht unser Inneres erfüllte. Thomas von Kempen schreibt:

„Nimm ein Buch zur Hand, wie der gerechte Simeon das Jesuskind in seine Arme nahm, und wenn du zu Ende gelesen hast, schließe das Buch und sag Gott Dank für jedes Wort, das aus seinem Mund kam, denn auf dem Acker des Herrn hast du einen verborgenen Schatz gefunden." Der heilige Bernhard sagt: „Bemühe dich nicht so sehr darum zu verstehen, was du liest, als vielmehr darum, es zu kosten. Wir wollen doch nicht inmitten von vielen Gaben an Hunger sterben." In der Tat ist der Nutzen der geistlichen Lesung gering, wenn wir nicht richtig und gut lesen. Die geistliche Lesung ist eine der wertvollsten geistlichen Übungen und Pflichten. Niemand kann es sich leisten, sie zu vernachlässigen. Bei der Wahl eines Buches solltet ihr darauf achten, nicht etwas zu Schwieriges zu nehmen. Lest das, was euch den größten geistlichen Gewinn bringt.

Februar

1 Die Beichte stärkt die Seele. Eine gute Beichte – die Beichte eines Kindes, das gesündigt hat und zu seinem Vater zurückkehrt – bringt immer Demut hervor; und Demut ist Stärke. Wir können beichten, so oft wir wollen und bei wem wir wollen, aber das sollte uns nicht verleiten, an jeder beliebigen Quelle geistliche Führung zu suchen. Die Beichte ist nicht der Ort für überflüssige Unterhaltungen und unnützes Gerede. Es geht um meine Sünden, meine Reue und die Vergebung; es geht um die Frage, wie ich meine Versuchungen überwinden, die Tugenden leben und in der Liebe zu Gott wachsen kann.

2 In der Beichte sollte man zuerst seine Sünden bekennen, dann kann man – wenn nötig – auch um einen Rat für das geistliche Leben bitten. An erster Stelle sollen meine Sünden zur Sprache kommen. Die meisten von uns stehen in der Gefahr zu vergessen, dass wir Sünder sind und als Sünder zur Beichte gehen müssen. Wir müssen in uns das Verlangen nach dem Blut Christi spüren, das unsere Sünden hinwegnimmt. Treten wir vor Gott hin und sagen wir ihm, dass uns leidtut, was wir getan und womit wir ihn vielleicht verletzt haben.

3 Wir können nicht auf die Beichte verzichten. Die Beichte ist nichts anderes als praktizierte Demut. Wir nennen sie Bußsakrament, doch in Wahrheit ist es ein Sakrament der Liebe, ein Sakrament der Vergebung. Deshalb sollte die Beichte nicht der Ort für lange Gespräche über unsere Schwierigkeiten sein. Sie ist der Ort, wo ich Jesus die Möglichkeit gebe, alles Trennende und Zerstörerische von mir zu nehmen. Wenn sich ein Graben zwischen mir und Jesus auftut, wenn meine Liebe geteilt ist, dann kann alles Mögliche in diesen Graben gelangen und ihn auffüllen. Bei der Beichte sollten wir ganz einfach sein wie ein Kind, das zu seinem Vater geht. Wenn ein Kind noch nicht die Bosheit kennt und noch nicht zu lügen gelernt hat, dann erzählt es alles. Das meine ich, wenn ich sage, wir sollten wie Kinder sein.

4 Wenn ihr am Abend zu Bett geht, braucht ihr euch nur zu fragen: „Was habe ich heute für Jesus getan? Was habe ich heute mit Jesus getan?“ Ihr braucht nur auf eure Hände zu schauen. Das ist die beste Gewissenserforschung.

5 Wie können wir Jesus finden? Er hat es uns ganz leicht gemacht: „Liebt einander, so wie ich euch geliebt habe“ (Joh 15,12). Wenn wir vom Weg abgekommen sind, dann steht das herrliche Sakrament der Beichte für uns bereit. Wir gehen als Sünder mit Sünden zur Beichte. Durch die große Barmherzigkeit Gottes kehren wir zurück als Sünder ohne Sünden. Wir brauchen nicht zu verzweifeln, wir müssen uns nicht

das Leben nehmen, wir brauchen nicht den Mut zu verlieren –, wenn wir verstanden haben, wie zärtlich Gottes Liebe ist. Du bist ihm kostbar. Er liebt dich; und er liebt dich mit einer solchen Zärtlichkeit, dass er dich mit seiner Hand geformt hat (vgl. Jes 64,7). Das sind Gottes Worte, die in der Heiligen Schrift geschrieben stehen. Du weißt es. Wenn dein Herz ruhelos ist, wenn es verletzt ist, wenn es zu brechen scheint, dann ruf dir in Erinnerung: Ich bin Gott kostbar. Er liebt mich. Er hat mich beim Namen gerufen. Ich bin sein. Als Beweis dieser Liebe ist Christus am Kreuz gestorben.

6 Eines Abends kam ein Mann zu uns. Er sagte mir: „Da ist eine hinduistische Familie, die seit langem nichts zu essen gehabt hat. Könnt ihr nicht etwas für sie tun?" Ich habe etwas Reis genommen und bin sofort zu ihnen gegangen. Aus den Gesichtern der Kinder sprach entsetzlicher Hunger. Sobald die Mutter den Reis genommen hatte, teilte sie ihn in zwei Portionen und ging hinaus. Als sie zurückkam, fragte ich sie: „Wohin bist du gegangen? Was hast du getan?" Sie gab mir nur zur Antwort: „Sie haben auch Hunger." Sie wusste, dass auch ihre Nachbarn, eine muslimische Familie, Hunger litten. Ich habe ihnen an diesem Tag keinen Reis mehr gebracht, weil ich sie die Erfahrung machen lassen wollte, welche Freude das Geben schenkt. Ich war nicht so sehr darüber überrascht, dass die Frau den Reis mit anderen geteilt hat, sondern darüber, dass sie vom Hunger ihrer Nachbarn wusste. Kennen wir die Nöte der anderen? Nehmen wir uns die Zeit, wenigstens jemandem zuzulächeln?

7 Eines Abends haben wir auf der Straße vier Leute aufgelesen. Die eine Frau war in einer sehr schlimmen Verfassung. Ich sagte zu den Schwestern: „Kümmert Ihr Euch um die anderen drei, ich kümmere mich um die Frau, um die es am schlechtesten steht." Ich schenkte ihr all meine Liebe und brachte sie in ein Bett. Auf ihrem Gesicht lag ein schönes Lächeln. Sie hielt meine Hand und sagte nur ein Wort: „Danke". Dann starb sie.

8 Wenn ich konnte, habe ich es nie versäumt, die Altenheime zu besuchen. Viele der alten Menschen sind von ihren Söhnen und Töchtern in das Heim gebracht und vergessen worden. Sie hatten alles, viele schöne Dinge, aber jeder starrte auf die Tür. Ich sah nicht einen einzigen der alten Menschen, der lächelte. Da wandte ich mich an eine Schwester und fragte: „Wie kommt es, dass diese Leute, denen es hier an nichts fehlt, alle auf die Tür starren? Warum lächeln sie nicht?" Ich bin es gewohnt, unsere Leute lächeln zu sehen; selbst die Sterbenden lächeln. Die Schwester antwortete: „Es ist fast jeden Tag das gleiche. Sie warten. Sie hoffen auf einen Besuch ihrer Kinder." Sie sind verletzt, weil man sie vergessen hat. Hier ist Liebe nötig. Diese Art von Armut, diesen Mangel an Liebe gibt es auch in unseren Häusern. Vielleicht gibt es sogar in unserer eigenen Familie jemanden, der sich allein oder unglücklich fühlt. Solche Momente sind für jeden schwierig. Gehen wir zu diesen Menschen? Sind wir bereit, sie aufzunehmen?

9 Die Armen sind großartige Menschen. Wir können vieles von ihnen lernen. Neulich kam einer zu uns, um sich zu bedanken. Er sagte: „Ihr, die ihr Keuschheit gelobt habt, könnt uns am besten in der Familienplanung unterweisen; es geht ja nur um die Kontrolle über sich selbst aus Liebe zum anderen." Dieser Mann hat etwas sehr Schönes verstanden. Solche Menschen haben vielleicht nicht einmal etwas zu essen, aber sie sind großartig.

10 Unsere eigenen Kinder haben wir gern, wir lieben sie. Aber was ist mit den Millionen anderer Kinder? Viele kümmern sich um das Schicksal der Kinder in Indien oder in Afrika, wo sie oft sehr jung an Unterernährung, Hunger oder Krankheiten sterben. Aber Millionen anderer Kinder sterben durch den Willen ihrer eigenen Mütter. Und dies ist es, was heute am meisten den Frieden zerstört. Denn wenn heute eine Mutter ihr eigenes Kind töten kann, was hindert uns morgen daran, dass ich dich töte und du mich? Es gibt da keine Grenze mehr.

11 Ich bin überrascht, wie viele Jugendliche im Westen von Drogen abhängig sind. Und ich frage mich nach den Gründen. Gab es vielleicht niemand in ihrer Familie, der für sie da war? Waren Vater und Mutter so sehr beschäftigt, dass sie keine Zeit hatten? Ging das Kind deshalb auf die Straße, wo es in eine solche Sache hineingeriet? Wir wollen den Frieden, aber diese Dinge zerstören ihn.

12 Eines Tages ging ich durch die Straßen Londons. Ich sah einen Mann, der zusammengekauert da saß, er schien einsam und verlassen. Als er mich bat, ich solle mich zu ihm niederbeugen, blieb ich stehen, nahm ihn bei der Hand, schüttelte sie und fragte ihn, wie es ihm gehe. Er blickte auf und sagte: „Nach langer Zeit spüre ich endlich wieder die Wärme einer menschlichen Hand, nach so langer Zeit …" Seine Augen leuchteten auf, und er setzte sich aufrecht hin. Schon dieses bisschen Wärme einer menschlichen Hand brachte Freude in sein Leben. Du musst das einmal erleben. Du musst deine Augen weit öffnen und ebenso handeln.

13 Auch in Australien gehen unsere Schwestern in die Häuser der Armen, waschen, putzen und verrichten alle möglichen Arbeiten.
Als ich einmal in das Haus eines Mannes kam, fragte ich ihn: „Darf ich Ihr Haus saubermachen?" Er sagte: „Mir geht es gut." – „Es wird Ihnen besser gehen, wenn Sie mich etwas aufräumen lassen." Schließlich erlaubte er mir zu putzen. In der Ecke des Zimmers sah ich eine große Lampe, die voller Schmutz war. Ich fragte: „Zünden Sie die nie an?" – „Für wen soll ich sie denn anzünden? Seit Jahren ist keiner mehr zu mir gekommen, seit Jahren …" Darauf fragte ich ihn: „Werden Sie die Lampe anzünden, wenn die Schwestern kommen?" – „Ja." Also habe ich die Lampe geputzt.
Wenn die Schwestern zu ihm kamen, hat er jedes Mal die Lampe angezündet. Zwei Jahre danach ließ er mir ausrichten: „Sag meiner Freundin, dass das Licht, das

sie in meinem Leben angezündet hat, immer noch brennt."

14 Je mehr uns eine Arbeit widerstrebt, desto größer sollte unser Glaube sein und desto freudiger unsere Hingabe. Das Gefühl des Widerwillens ist zwar natürlich, aber aus Liebe zu Jesus können wir es in heroischer Weise überwinden. Im Leben der Heiligen war oft die heldenhafte Überwindung des Widerwillens der Schlüssel zu ihrer großen Heiligkeit. So war es bei Franz von Assisi: Als er einen Leprakranken begegnete, wandte er sich zunächst ab. Doch dann überwand er sich und küsste das schrecklich entstellte Gesicht. Daraufhin wurde Franziskus von einer unsagbaren Freude erfüllt. Er wurde ganz Herr seiner selbst, und der Leprakranke ging fort und pries Gott für seine Heilung.

15 Wenn wir einen Kranken oder Bedürftigen pflegen, berühren wir den leidenden Leib Christi. Diese Berührung gibt uns Kraft; sie lässt uns das Widerstreben und die natürlichen Empfindungen vergessen. Wir müssen diese Menschen in tiefem Glauben anschauen, um Christus in ihnen zu sehen. In den zerschundenen Leibern und schmutzigen Kleidern verbirgt sich der Schönste aller Menschen. Wir bräuchten die Hände Christi, um diese von Leid und Schmerz gezeichneten Körper berühren zu können.

16 Eine Schwester erzählte mir, dass sie mit einigen anderen Schwestern auf den Straßen Bombays einen Mann aufgelesen und in eines unserer Heime für Sterbende gebracht habe. Dort kümmerte sie sich um ihn, behandelte ihn mit großer Liebe und voll Respekt. Weder Fleisch noch Haut bedeckte seinen Rücken; Würmer hatten alles weggefressen. Die Schwester wusch ihn und legte ihn in ein Bett. Sie erzählte mir, dass sie nie eine solche Freude gesehen habe wie in den Augen dieses Mannes. Ich fragte sie: „Was hast du empfunden, als du die Würmer aus seinem Körper entfernt hast?" Sie blickte mich an und sagte: „Vorher hatte ich nie die Gegenwart Christi gespürt; ich hatte nie wirklich an das Wort Jesu geglaubt: Was ihr für einen meiner geringsten Brüder getan habt, das habt ihr mir getan (vgl. Mt 25,40). Aber dort war er gegenwärtig, ich habe seine Gegenwart auf dem Gesicht dieses Mannes gesehen." Ein solches Erlebnis ist ein Geschenk Gottes.

17 Einer unserer Brüder, ein *Missionar der Nächstenliebe*, kam eines Tages zu mir. Mit großer Liebe widmet er sich den Leprakranken, von denen wir in Indien 49 000 betreuen. Dieser Bruder, der sich so sehr für die Kranken einsetzt, hatte Schwierigkeiten mit seinem Oberen und sagte mir: „Ich liebe die Leprakranken. Ich möchte bei ihnen sein. Ich möchte für sie arbeiten. Es ist meine Berufung, bei den Leprakranken zu sein." Ich antwortete zu ihm: „Bruder, du machst einen Fehler. Es ist nicht deine Berufung, für die Leprakranken zu arbeiten. Deine Berufung besteht darin, Jesus zu gehören. Die Arbeit für die Leprakranken ist nur die

Umsetzung deiner Liebe zu Christus. Deshalb macht es keinen Unterschied, für wen du etwas tust, solange du es für Jesus tust und solange du es mit Jesus tust. Darauf kommt es an. Darin verwirklicht sich deine Berufung, Christus zu gehören."

18 Wir sind Diener der Armen. Frei und ungeteilt sind wir für sie da. In der Welt werden die Leute für ihre Arbeit bezahlt. Wir werden von Gott bezahlt. Wir sind durch ein Gelübde gebunden, die Armen zu lieben, ihnen zu dienen und als Arme unter den Armen zu leben.

19 Behandeln wir die Armen nicht manchmal wie einen Mülleimer, in den wir all das werfen, was wir nicht essen oder brauchen? „Ich kann das nicht essen; das bekommen die Armen. Ich kann dieses Kleid nicht brauchen, also kann ich es den Armen geben." Teile ich die Armut mit den Armen, wenn ich so handle? Identifiziere ich mich mit den Armen, denen ich diene? Bin ich eins mit ihnen? Teile ich mit ihnen, wie Jesus mit mir geteilt hat?

20 Vor einigen Wochen kamen zwei junge Leute zu uns. Sie gaben mir viel Geld, mit dem wir Nahrung für die Armen kaufen sollten. Ich fragte sie: „Woher habt ihr soviel Geld?" Sie antworteten: „Vor zwei Tagen haben wir geheiratet. Vor der Hochzeit haben wir uns entschieden, keine Hochzeitsgewänder zu kaufen, auf ein Fest zu verzichten und das Geld Ihnen zu geben." Ich weiß, was das für eine hinduistische Fa-

milie bedeutet, welch großes Opfer sie gebracht haben. Dann fragte ich sie: „Aber warum habt ihr das getan?“ Sie sagten: „Wir lieben einander so sehr, dass wir die Freude der Liebe mit den Menschen teilen wollten, denen Ihre Schwestern dienen. Und wir haben die Freude der Liebe erfahren.“
Wo beginnt also die Freude? Zu Hause. Und wie beginnt sie? Mit dem Teilen – Teilen, bis es wehtut. Mit dem Lieben – Lieben, bis es wehtut.

21 Wir kochen in Indien täglich für 9.000 Leute. Eines Tages kam eine Schwester und sagte: „Mutter, wir haben nichts zu essen; wir haben nichts, was wir den Leuten geben könnten.“ Ich wusste keine Antwort. Doch dann kam gegen neun Uhr ein Lastwagen voll Brot zu unserem Haus. Die Regierung verteilt in den Schulen an die armen Kinder eine Scheibe Brot und Milch. An diesem Tag – niemand in der Stadt kannte den Grund – waren alle Schulen geschlossen. Und das ganze Brot hat man zu uns gebracht.
Seht, Gott hat die Schulen geschlossen. Er würde es nicht zulassen, dass unsere Leute ohne Essen bleiben. Ich glaube, es war das erste Mal in ihrem Leben, dass sie so reichlich und so gutes Brot bekamen. Das zeigt wieder einmal die Zärtlichkeit der Liebe Gottes.

22 Eines Tages kam in Kalkutta ein Mann mit einem Arzneirezept zu uns. Er sagte: „Mein einziges Kind liegt im Sterben. Die Medizin, die es braucht, gibt es in Indien nicht, man muss sie aus dem Ausland einführen.“ Genau in diesem Augenblick –

wir sprachen noch miteinander – kam ein Mann mit einem Korb voller Medikamente. Obenauf lag das gesuchte Medikament. Hätte es darunter gelegen, hätte ich es nicht gesehen. Wäre er vorher gekommen oder nachher, hätte ich es nicht sehen können. Aber genau zu dieser Zeit hat Gott sich in seiner zärtlichen Liebe unter Millionen und Abermillionen von Kindern so sehr um dieses kleine Kind in den Slums von Kalkutta gekümmert, dass er im richtigen Moment die Medizin schickte, um es zu retten. Ich preise die Zärtlichkeit und Liebe Gottes, denn jedes Kind, ob aus einer armen oder reichen Familie, ist ein Kind Gottes, geschaffen vom Schöpfer aller Dinge.

23 Wir müssen uns vor dem Stolz hüten. Der Stolz zerstört alles. Deshalb trug Jesus seinen Jüngern auf, gütig zueinander und demütig zu sein. Er sagte nicht, die Beschauung sei etwas Großes, sondern die Güte zueinander und die Demut. Wenn ihr das versteht, versteht ihr eure Berufung. Leben wie Jesus, das ist der Schlüssel, um gütig und demütig zu werden.

24 Wenn man dich in die Küche steckt, darfst du nicht denken, es sei eine stumpfsinnige Arbeit; für das Sitzen und Stehen, für das Kommen und Gehen und was man sonst noch macht, brauche man nicht viel Verstand. Gott wird eine Schwester nicht fragen, wie viele Bücher sie gelesen oder wie viele Wunder sie gewirkt hat. Er wird sie vielmehr fragen, ob sie ihr Bestes gegeben hat – aus Liebe zu ihm. Und selbst wenn wir versagen würden, käme es nur darauf an, dass wir un-

ser Bestes geben, das Äußerste, das wir für ihn tun können.

25 Rühme dich nicht, wenn du Erfolg hast, sondern schreibe in tiefster Dankbarkeit alles Gott zu. Andererseits sollte dich kein Misserfolg entmutigen, solange du dein Bestes versucht hast. Aus menschlicher Sicht wären wir geneigt, den Misserfolg einer Schwester bei ihrer Arbeit einer Schwäche zuzuschreiben und zu denken, sie habe keinen Verstand, sie habe nicht ihr Bestes gegeben usw. Doch in den Augen Gottes hat sie nicht versagt, wenn sie ihr Bestes gegeben hat. Sie bleibt immer seine Mitarbeiterin.

26 Wir sollten uns nie für unersetzlich halten. Gott hat seine eigenen Wege … Er kann zulassen, dass einer begabten und fähigen Schwester alles misslingt. Gott sieht nur ihre Liebe. Wir können uns in der Arbeit abmühen bis zum Umfallen; wenn unsere Arbeit nicht mit Liebe durchwoben ist, ist sie unnütz. Gott braucht unsere Arbeit nicht.

27 Wenn du Kinder auf die Erstkommunion vorbereitest und sie trotz deiner Bemühungen die Prüfung in Religion nicht bestehen, dann ist das kein Grund zur Entmutigung.
Du solltest auch nicht den Mut verlieren, wenn du vergeblich versucht hast, eine Ehe zu retten oder einen Sünder zu bekehren. Wenn du entmutigt bist, ist das ein Zeichen von Stolz. Du hast auf deine eigene Kraft vertraut. Quäle dich nicht damit, was die anderen von

dir denken. Bleib demütig, dann wirst nicht verzweifeln.

28 Lasst uns heute, wo viele Werte in Frage gestellt und abgelehnt werden, „nach Nazaret zurückgehen". Jesus ist gekommen, die Welt zu erlösen und uns die Liebe seines Vaters zu zeigen. Wie merkwürdig, dass er dreißig Jahre nichts Großes vollbracht hat, dass er seine Zeit vergeudete, seine Persönlichkeit und Talente nicht entfaltete! Wir wissen, dass er im Alter von zwölf Jahren die Weisen des Tempels in Erstaunen versetzte (vgl. Lk 2,46f). Doch als seine Eltern ihn fanden, ging er wieder zurück nach Nazaret und war ihnen gehorsam. Zwanzig Jahre lang hören wir nichts mehr von ihm, so dass die Leute sich wunderten, als er plötzlich begann, in der Öffentlichkeit zu predigen. Er, der Sohn eines Zimmermanns, hat dreißig Jahre lang die einfachen Arbeiten in einer Schreinerei getan!

29 Demut ist nichts anderes als Wahrheit. „Was hast du, das du nicht empfangen hättest?" (1 Kor 4,7) fragt der heilige Paulus. Wenn ich alles empfangen habe, welches Verdienst habe dann ich? Wenn wir davon überzeugt sind, dass alles Geschenk ist, werden wir nie überheblich sein. Wenn jemand demütig ist, wird ihn nichts übermäßig beeindrucken, weder Lob noch Schmähungen; denn er weiß, wer er ist. Wenn er getadelt wird, verliert er nicht den Mut, und wenn man ihn einen Heiligen nennt, stellt er sich nicht aufs Podest. Wenn du heilig bist, dann danke Gott. Wenn du ein Sünder bist, dann bleib nicht, wie du bist.

März

1 Ob unser Leben als *Kontemplative Brüder* Frucht bringt für die Kontemplation und für das Apostolat, hängt davon ab, ob wir in Christus Jesus, unserem Herrn, verwurzelt sind. Um unserer Sendung gerecht zu werden, braucht es viele kleine Entscheidungen, eine treue, demütige Hingabe an die geistlich Ärmsten. Mit ihnen wollen wir uns identifizieren, ihre Armut und Unsicherheit wollen wir teilen, bis es wehtut.

2 Wir brauchen ein reines Herz, um in den geistlich Ärmsten Jesus erkennen zu können. Je entstellter das Bild Gottes in einem Menschen ist, desto größer müssen unser Glaube und unsere Hingabe sein, damit wir in ihm das Antlitz Gottes finden und ihm in Liebe dienen können. Wir betrachten es als eine Ehre, in den geistlich Ärmsten Christus dienen zu dürfen, der sich in ihrem Leid verbirgt. Wir dienen ihm in tiefer Dankbarkeit, mit Hochachtung und im Geist brüderlichen Teilens.

3 Die *Kontemplativen Brüder* haben keine besonderen Methoden, um das Wort Gottes zu verkünden. Deshalb nutzen wir jede Gelegenheit, um Gottes erlösende Liebe überall zu verkünden, wo wir ihm in der Gestalt der geistlich Ärmsten begegnen. Jeden Tag widmen wir eine gewisse Zeit der Verkündigung der

Frohen Botschaft. Wir kommen nicht mit großen Menschenmengen zusammen, sondern mit einzelnen und pflegen die Beziehung von Mensch zu Mensch, von Familie zu Familie, oder, wenn nötig, mit kleinen Gruppen, mit denen wir einen engen Kontakt halten können.

4 Wie sich Jesus den Gesetzen der Arbeit und ihrer Mühe unterwarf und das Schicksal aller Armen teilte, so wollen auch wir, die *Kontemplativen Brüder*, hart arbeiten, gleich, welche Aufgabe uns aufgetragen wird. Wir wollen uns freuen, niedrige Arbeiten tun zu können. Wenn es keine anderen Mittel gibt, verdienen die Brüder durch ihrer Hände Arbeit ihren Unterhalt, durch Ackerbau, handwerkliche oder sonstige Tätigkeiten, die mit ihrem Lebensstil vereinbar sind, sofern sie nur jede Art von Geschäftemacherei vermeiden.

5 Am Abend vor seinem Leiden sagte unser Herr: Dein Wille geschehe. Mach mit mir, was du willst (vgl. Lk 22,42). Und das war gerade in den letzten Augenblicken seines Lebens überaus hart für ihn. Man sagt, dass er im Ölgarten noch mehr gelitten habe als bei der Kreuzigung. Denn während auf Golgota sein Leib gekreuzigt wurde, wurde im Ölgarten seine Seele gekreuzigt. Am Kreuz erfüllte er schweigend den Willen des Vaters und schenkte uns seine Mutter. Er sagte: „Mich dürstet" (Joh 19,28) und: „Es ist vollbracht" (Joh 13,30), aber er sagte nicht: Dein Wille geschehe. Er hatte schon voll und ganz Ja zum Willen des Vaters gesagt in der Einsamkeit und Verlassenheit jener

Stunde. Wie schwer es für Jesus war, allein diesen schrecklichen Kampf bestehen zu müssen, zeigt seine Frage: „Konntet ihr nicht einmal eine Stunde mit mir wachen?“ (Mt 26,40) Jesus brauchte Trost. Das ist Ganzhingabe: von niemandem geliebt zu werden, von niemandem gewollt zu sein, einfach ein Niemand zu sein, einer, der alles Christus gegeben hat.

6 Therese von Lisieux erklärt sehr schön, was Ergebung ist: „Vor einiger Zeit habe ich Jesus gesagt, dass er mich nicht wie ein teures Spielzeug behandeln soll, das die Kinder nur anschauen, ohne zu wagen, es zu berühren. Vielmehr möchte ich wie ein kleiner, wertloser Ball sein, den er auf den Boden werfen kann, gegen den er treten, den er durchlöchern, in einer Ecke liegen lassen oder auch, wenn es ihm gefällt, an sein Herz drücken kann. Kurz, ich wollte den kleinen Jesus unterhalten, ihm eine Freude machen; ich wollte mich seinen kindlichen Kapriolen ausliefern …“ So muss ein Bruder, eine Schwester sein: wie dieser kleine Ball in der Hand Jesu. Sagen wir ihm: „Du kannst tun, was du willst, wie du es willst und solange du es willst.“

7 Wir stehen Gott zur Verfügung. Es ist gleich, ob er möchte, dass wir krank im Bett liegen, sein Wort auf den Straßen verkünden oder jeden Tag die Toiletten putzen; alles ist gut. Wir müssen ihm nur sagen: „Ich gehöre dir. Du kannst tun, was du willst.“ Dies ist unsere Kraft und die Freude des Herrn.

8 Lerne von Anfang an zu gehorchen. Das führt dich geradewegs zu Gott. Folge nicht den krummen Wegen des Lebens. Es gibt einen geraden Weg zum Herzen Jesu. Wenn du das unterscheiden kannst, wirst du nicht vom Weg abkommen und keinen Fehler begehen. Der Vorgesetzte, der dir sagt, dies oder jenes zu tun, mag einen Fehler machen. Ich kann etwas falsch machen, wenn ich den Schwestern sage, sie sollten etwas Bestimmtes tun und hierhin oder dorthin gehen. Aber die Schwester, die tut, was ich ihr sage, macht keinen Fehler. Entsprechend ist es für euch, Brüder. Wenn ihr davon überzeugt seid, werdet ihr verstehen, was Ganzhingabe ist.

9 Als Jesus Mensch wurde, überließ er sich ganz dem Vater. Immer wieder hören wir das Wort „Vater". Als er predigte, als er lehrte, als er mit den Leuten zusammen war, sprach er immerfort vom „Vater". „Ich bin im Namen meines Vaters gekommen" (Joh 5,43). „Ich und der Vater sind eins" (Joh 10,30). „Wie mich der Vater geliebt hat, so habe auch ich euch geliebt" (Joh 15,9). Er gehört ganz ihm. Nichts trennt ihn vom Vater, kein Zweifel, kein Fragen. So muss ein *Kontemplativer Bruder* sein: ganz vereint mit Christus, ganz vereint mit dem Wort Gottes. Und das Wort Gottes, diese Freude, die du im Gebet, in der Anbetung und in der Kontemplation, in der Einsamkeit mit Gott empfängst, dieses Wort musst du den anderen Menschen weitergeben.

10 Unsere Berufung besteht darin, Jesus zu gehören. Der einfachste Weg, damit dies Wirklichkeit wird, besteht darin, in sich den Heiligen Geist wirken zu lassen. Er befähigt uns, uns ganz Gott zu schenken, uns ihm ganz hinzugeben, ohne lange nachzudenken, ohne zu überlegen, was das von uns verlangt. Wir nennen das „blindes Vertrauen". Maria hat so gelebt: Als sie erfuhr, dass der Herr sie rief, sagte sie ihr Ja. Dieses Ja hat sie nie mehr zurückgenommen. Ihr ganzes Leben war ein beständiges Ja. Auch unser Leben muss zu diesem einen Wort werden: Ja. Ein gelebtes Ja zu Gott, das ist Heiligkeit. Wir erlauben Gott, dass er alles von uns nehmen kann, was er will, und wir versprechen ihm, alles mit Freude anzunehmen, was er uns gibt.

11 Wenn wir Ja sagen, müssen wir genau wissen, was dieses Ja beinhaltet. Ja zu Gott sagen bedeutet: Ich gebe mich ganz in deine Hand, ohne zu rechnen oder zu fragen, ob alles in Ordnung ist, ob es sich lohnt und was es bringt. Unser Ja zu Gott ist vorbehaltlos. Das macht einen kontemplativen Menschen aus: ganz und gar Gott zu gehören, ohne den geringsten Vorbehalt. Es kommt nicht darauf an, was wir empfinden.

12 Das Wort Gottes wird Fleisch in uns während des Tages bei der Meditation, der Kontemplation, der Anbetung und in der Stille. Das Wort, das in uns ist, geben wir den anderen weiter. Das Wort muss in uns leben; wir müssen es verstehen, lieben und leben.

Und wir können das Wort nicht leben, wenn wir es nicht anderen weitergeben.

13 Dass wir ganz Gott gehören, zeigt sich in kleinen Dingen ebenso wie in den großen. Es geht immer nur um dieses eine Wort: Ja, ich nehme alles an, was du gibst; ich gebe dir alles, was du nehmen möchtest. Auf diesem einfachen Weg können wir heilig werden. Wir dürfen es uns nicht durch komplizierte Überlegungen schwer machen. Heilig sein heißt nicht, Außergewöhnliches zu vollbringen oder Großes zu verstehen, sondern es besteht in diesem einfachen Ja. Ich habe mich Gott geschenkt und gehöre ganz ihm, ich verlasse mich ganz auf ihn. Er kann mich jetzt hierhin stellen, später dorthin; er kann sich meiner bedienen oder auch nicht. All das ist gleichgültig, denn ich gehöre ihm ganz und gar. Er kann mit mir machen, was er will.

14 In der Fastenzeit durchleben wir aufs Neue das Leiden Christi. Sie sollte nicht nur eine Zeit sein, in der Gefühle wach werden, sondern eine Gelegenheit, uns zu ändern. Dazu brauchen wir die Gnade Gottes und wir selbst müssen Opfer bringen. Unser Opfer ist aber nur echt, wenn es uns etwas kostet, wehtut und uns von allem Egoismus befreit. Gehen wir Tag für Tag voran durch das Mitleben der Passion Christi.

15 Während der Fastenzeit sollen wir besonders das Leiden unseres Herrn betrachten und nachempfinden. Prüfen wir unser Gewissen, um zu sehen,

durch welche Sünden wir Jesu Schmerz verursacht haben. Um meine Schuld wieder gut zu machen und seinen Schmerz zu teilen, will ich meine Buße verdoppeln. Ich will gut über meine Augen wachen. Ich will darauf achten, dass meine Gedanken rein sind. Ich will die Kranken mit größerer Freundlichkeit und aufrichtigem Mitleid pflegen. Ich will das Schweigen des Herzens mit größerer Sorgfalt einhalten, so dass ich Jesu tröstende Worte vernehmen und ihn dann in den Armen trösten kann, hinter deren Leid er sich verbirgt. Ich will in der Beichte bekennen, wenn ich die Bußübungen vernachlässigt habe.

16 Wir beten oft: Lass mich deinen Schmerz mit dir teilen. Wir möchten die Braut des gekreuzigten Jesus sein. Doch wenn uns eine lieblose Bemerkung wie ein kleiner Splitter oder ein Dorn der Rücksichtslosigkeit trifft, dann vergessen wir schnell, dass dies der Moment wäre, in dem wir seine Schmach und seinen Schmerz teilen könnten.

17 Bemühen wir uns in der Fastenzeit, unser Beten und die innere Sammlung zu vervollkommnen. Befreien wir unseren Geist von allem, was nicht Jesus ist. Wenn du das Beten als schwierig empfindest, bitte ihn immer wieder: Jesus, komm in mein Herz, bete du in mir und mit mir, damit ich von dir lerne, wie man beten kann. Wenn du mehr betest, wirst du besser beten. Nimm beim Beten all deine Sinne zur Hilfe.

18 Der erste Schritt, um heilig zu werden, besteht darin, es zu wollen. Der heilige Thomas sagt: „Heiligkeit besteht in nichts anderem als im heroischen, festen Entschluss einer Seele, sich ganz Gott zu überlassen. Durch einen aufrechten Willen lieben wir Gott, wählen wir Gott, laufen wir auf Gott zu, erreichen wir ihn und besitzen wir ihn." Dieser gute Wille wird mich in das Bild Gottes umwandeln und mich ihm ähnlich machen!

19 Der Entschluss, heilig zu werden, hat seinen Preis. Verzicht, Versuchungen, Kämpfe, Verfolgungen und alle Arten von Opfern kommen auf den Menschen zu, der dazu entschlossen ist. Man kann Gott nur lieben, wenn man selbst den Preis dafür bezahlt.

20 Buße gehört notwendig zu unserem Leben. Nichts hält die ungeordneten Leidenschaften entschiedener zurück und nichts unterwirft die natürlichen Strebungen so sehr der rechten Vernunft wie die Buße. So werden wir von einer himmlischen Freude erfüllt, die das irdische Maß so weit überragt wie die Seele den Leib und der Himmel die Erde.

21 Da Jesus seine Passion nicht mehr in seinem irdischen Leib leben kann, gibt die Mutter Kirche die Möglichkeit, sein Leiden und seinen Tod in unserem Leib, in unserem Herzen und in unserer Seele zu leben.

Doch auch dies ist nicht mit seiner Passion zu vergleichen. Wir brauchen viele Gnaden, um alles, was Gott gibt und nimmt, mit Freude, Liebe und einem Lächeln anzunehmen.

22 In seiner Passion hat Jesus uns gelehrt, wie wir aus Liebe vergeben und in Demut vergessen können. Prüfen wir uns zu Beginn der Karwoche sorgfältig, ob es in unserem Herzen noch irgendeine Kränkung gibt, die nicht vergeben ist, oder irgendeine Bitterkeit, die nicht vergessen ist.

23 Bitten wir oftmals am Tag: „Wasch ab meine Schuld, von meinen Sünden mache mich rein." Wie sehr muss es Jesus, der in unserem Herzen wohnt, schmerzen, wenn er dort Bitterkeit, Kränkungen und Rachegefühle vorfindet, die aus Eifersucht und Stolz erwachsen! Meine Kinder, seien wir ehrlich und bitten wir um Vergebung. Ist meine Liebe zu den anderen Mitgliedern der Gemeinschaft so groß und echt, dass ich verzeihe – nicht aus Pflicht, sondern aus Liebe?

24 Wir sind nur Werkzeuge, die Gott in seiner Gnade gebraucht. Wir bringen in dem Maße Frucht hervor, wie wir mit Gott vereint sind. Der heilige Paulus sagt: „Ich habe gepflanzt, Apollos hat begossen, Gott aber ließ wachsen" (1 Kor 3,6). Wir erhalten die Gnade Gottes entsprechend unserer Heiligkeit, unseres Eifers und unserer Einheit mit dem Herrn. Heiligkeit ist die Seele des wahren Apostolats. Deshalb müssen wir uns mit Herz und Seele um diese Heiligkeit bemühen.

25 Ein Tag, den wir mit Jesus verbringen, kann für uns ein Ansporn sein, aus Liebe zu ihm entschieden nach der Heiligkeit zu streben. Jesus wünscht sich brennend, dass wir vollkommen werden. „Das ist es, was Gott will: eure Heiligung" (1 Thess 4,3). Sein heiliges Herz ist erfüllt von dem unstillbaren Verlangen, uns auf dem Weg zur Heiligkeit voranschreiten zu sehen.

26 Du musst dem Vater erlauben, dass er dich wie ein Gärtner beschneidet. Wenn du beschnitten wirst, mach dir keine Sorgen. Gott hat seine eigene Methode, dich zu beschneiden. Lass es an dir geschehen. Als ich in Tor Fiscale war, wo einige ihr Noviziat machen, sah ich, wie Rebzweige beschnitten werden. Voll Verwunderung fragte ich mich: Wie können da noch Blätter, Zweige und Früchte wachsen? Aber der Winzer, der die Reben genau am Ansatz der Zweige beschnitten hat, versteht seine Arbeit. Wie daraus wieder Zweige, Blätter und Früchte wachsen, weiß ich nicht. Aber wenn ich in einigen Monaten dorthin zurückkehren sollte, ist es gut möglich, dass die Reben voller Trauben hängen – eben weil sie so stark beschnitten wurden. Für euch ist es genauso. Jetzt seid ihr beschnitten, völlig abgeschnitten, und ihr seht nichts – keine Blätter, keine Zweige, nichts.

27 Das Leid wird kommen. Wenn du auf das Kreuz schaust, siehst du, wie er sein Haupt neigt, weil er dich küssen möchte, wie er seine Arme ausstreckt, weil er dich umarmen will. Er hat sein Herz

weit geöffnet, um dich aufzunehmen. Wenn du dich innerlich elend fühlst, blicke auf das Kreuz, und du wirst verstehen, was geschieht. Leid, Schmerz, Enttäuschungen, Demütigungen, Einsamkeit sind nichts anderes als ein Zeichen, dass du Jesus so nahe gekommen bist, dass er dich küssen kann.

28 Versteht ihr, Brüder? Leid, Schmerz, Demütigungen – all das ist ein Kuss von Jesus. Ich sagte das einmal einer Frau, die sehr litt. Sie antwortete mir: „Sag Jesus, er soll aufhören, mich zu küssen." Doch das Leid muss kommen; wie es in das Leben der Muttergottes kam, wie es in das Leben Jesu kam, muss es auch in unser Leben kommen. Aber zieht nie ein langes Gesicht. Denn das Leid ist ein Geschenk, das Gott uns macht. Es ist etwas, was nur dich und Jesus betrifft.

29 Christus lieben können mit ungeteilter Liebe in der Keuschheit, mit der Freiheit der Armut, in der Ganzhingabe im Gehorsam und in einem freien, ungeteilten Dienst an den Ärmsten der Armen und an allen Menschen … Christus lieben können, wie er dich und mich liebt, in der Erwartung seines Kommens in Herrlichkeit: das ist die ganze Lebensregel der *Kontemplativen Brüder*. Lasst euch von Jesus in den Dienst nehmen, ohne zu erwarten, dass er zuvor Rücksprache hält mit euch, so werdet ihr heilig, weil ihr ihm gehört.

30 Dass wir ganz Christus gehören, wird heute Wirklichkeit, wenn wir ihm auch unsere Sünden übergeben, so dass wir wirklich arm sind. „Wenn

ihr nicht ... wie die Kinder werdet, könnt ihr nicht in das Himmelreich kommen“ (Mt 18,3). Wenn ihr zu groß und zu schwer seid, könnt ihr nicht emporgehoben werden. Wir brauchen Demut, um unsere Sünde einzugestehen. Die Erkenntnis unserer Sünde hilft uns, neu zu beginnen. „Ich will aufbrechen und zu meinem Vater gehen und zu ihm sagen: Vater, ich habe mich gegen den Himmel und gegen dich versündigt“ (Lk 15,18).

31 Was muss Jesus empfunden haben, als er gegeißelt und angespuckt wurde! „Nimm diesen Kelch von mir“ (Mk 14,36), betete er in seiner Todesangst. Der Vater kam nicht selbst zu ihm, er sagte diesmal nicht: „Das ist mein geliebter Sohn“ (Mk 9,7), sondern er tröstete ihn durch einen Engel. Lasst uns beten, dass unsere Herzen erfüllt werden von der Hingabe Jesus, dass wir verstehen, was vollkommene Hingabe bedeutet.

April

1 Wenn wir Tag für Tag unsere geistlichen Übungen möglichst vollkommen erfüllen, werden wir Schritt für Schritt Gott näher kommen. Auch außerhalb der Gebetszeiten werden wir dann ohne Mühe im Bewusstsein der Gegenwart Gottes leben können. Andererseits wird unser Streben, uns bei der Arbeit und Erholung ganz auf Gott auszurichten und in seiner Gegenwart zu leben, mit noch reicheren Gnaden belohnt. Wir müssen danach streben, allein mit Jesus zu leben, der im Innersten unseres Herzens wie in einem Heiligtum wohnt.

2 Wenn wir uns ernsthaft nach Heiligkeit sehnen, dann muss außer dem Gebet auch die Selbstverleugnung unser Leben prägen. Die leichteste Form der Selbstverleugnung ist die Kontrolle der Sinne. Wir müssen aber auch die innere Abtötung und körperliche Buße üben. Wie großzügig sind wir Gott gegenüber in unseren Abtötungen?

3 Einkehrtage sollen uns zu einer tieferen Einheit mit Gott führen, zu einer größeren Liebe zu ihm, sie sollen uns läutern, uns erneuern und unser Leben nach dem Vorbild Jesus Christus formen. Sie sind eine Zeit größerer Stille, intensiveren Gebetes, besonderer Buße und tieferen geistlichen Lebens. Es geht nicht so

sehr darum, auf die Erfolge und Misserfolge der Vergangenheit zurückzublicken, als vielmehr um den freudigen Entschluss, in Zukunft dem Herrn großzügiger nachzufolgen.

4 Ich ergänze in meinem Leben, was an den Leiden Christi noch fehlt (vgl. Kol 1,24). Der Zusammenhang zwischen unseren Bußübungen und der Passion Christi ist nicht leicht zu verstehen. Wir müssen beständig in Jesu Fußstapfen treten und in gewisser Weise unser eigenes Fleisch kreuzigen. Dennoch wird unser Leiden nie den Grad des Leidens der Heiligen und der Märtyrer erreichen.

5 Denkt daran, dass die Passion Christi immer zur Freude der Auferstehung führt. Wenn ihr in eurem Herzen das Leiden Christi spürt, denkt daran, dass die Auferstehung kommen wird. Die Freude von Ostern ist nahe. Vergesst auch in eurem Leid nie die Freude des auferstandenen Christus.

6 Möge die Freude des auferstandenen Christus mit euch sein und euch erfüllen. Der gute Gott hat sich selbst uns geschenkt. „Ich verkünde euch eine große Freude" sagte der Engel in Betlehem (vgl. Lk 2,10). Jesus wollte in seinem irdischen Leben seine Freude mit den Aposteln teilen: „… damit meine Freude in euch ist" (Joh 15,11). Freude war die Losung der ersten Christen. Wie oft wiederholt der heilige Paulus: „Freut euch im Herrn zu jeder Zeit! Noch einmal sage ich: Freut euch!" (Phil 4,4; vgl. 2 Kor 13,11; Phil 3,1). Wenn der

Täufling die große Gnade der Taufe erhalten hat, wird er vom Priester aufgefordert: „Mit Freude sollst du der Kirche dienen."

7 Ostern ist das größte Fest unserer Gemeinschaft, ein Fest der Freude – der Freude des Herrn. Nichts darf uns so verwirren, uns so mit Sorgen und Mutlosigkeit erfüllen, dass es uns die Freude der Auferstehung nimmt.

8 Die Freude unseres auferstandenen Herrn sei die Kraft bei eurer Arbeit, der Weg, der euch zum Vater führt, das Licht, das euch leitet, und euer Brot des Lebens.

9 Mögen die Freude und die Liebe des auferstandenen Jesus immer mit euch, in euch und unter euch sein. So werden wir wahre Zeugen der Liebe seines Vaters werden, der die Welt so sehr geliebt hat, „dass er seinen einzigen Sohn hingab" (Joh 3,16). Lieben auch wir Gott so sehr, dass wir ihm uns selbst schenken, indem wir uns einander und den Armen schenken.

10 Jesus hat uns zu seinem Eigentum erwählt; wir gehören ihm. Davon müssen wir fest überzeugt sein. Wir dürfen nicht zulassen, dass uns irgendetwas von ihm, von seiner Liebe trennt.

11 Vertrauen auf die göttliche Vorsehung ist der feste, lebendige Glaube, dass Gott uns helfen kann und helfen wird. Dass er uns helfen kann, ist of-

fenkundig, denn er ist allmächtig. Dass er uns helfen wird, ist sicher, weil er es an vielen Stellen der Heiligen Schrift versprochen hat und all seine Versprechen treu hält. Christus ermutigt uns zu einem solchen lebendigen Vertrauen: „Alles, worum ihr betet und bittet – glaubt nur, dass ihr es schon erhalten habt, dann wird es euch zuteil" (Mk 11,24).
Deshalb trägt uns auch der Apostel Petrus auf, alle Sorgen auf den Herrn zu werfen, der für uns sorgt (vgl. 1 Petr 5,7). Und wie sollte Gott nicht für uns sorgen, da er uns doch seinen Sohn gesandt und uns mit ihm alles gegeben hat? Der heilige Augustinus sagt: „Wie könnt ihr daran zweifeln, dass Gott euch Gutes gibt, da er sich herabgelassen und um euretwillen das Böse auf sich genommen hat?"

12 Dass Gott selbst die Vögel und die Blumen beschützt, weckt in uns das Vertrauen in die Vorsehung Gottes. Wenn Gott die jungen Raben ernährt, die zu ihm krächzen, wenn er den Vögeln Nahrung gibt, die weder säen noch ernten noch Scheunen mit Vorräten füllen, wenn er die Blumen des Feldes so wunderbar kleidet, um wie viel mehr wird er dann für die Menschen sorgen, die er nach seinem Ebenbild geschaffen und an Sohnes Statt angenommen hat! Wie wird er für uns sorgen, wenn wir als seine Söhne und Töchter handeln, seine Gebote halten und immer ein kindliches Vertrauen zu ihm haben!

13 Liebt Jesus mit Großzügigkeit. Liebt ihn vertrauensvoll, ohne zurückzublicken und ohne Furcht. Schenkt euch ganz Jesus – er wird durch euch große Dinge vollbringen, unter der Bedingung, dass ihr mehr an seine Liebe glaubt, als auf eure Schwachheit schaut. Glaubt an ihn; ihm könnt ihr blind und ganz vertrauen, denn er ist Jesus. Glaubt, dass Jesus allein das Leben ist. Heiligkeit ist nichts anderes als Jesus, der in eurem Innern lebt. Wenn ihr diese Überzeugung habt, dann kann Jesus über euch verfügen. Gebt euch ihm unentwegt hin, erfüllt in allem seinem heiligen Willen, den eure Vorgesetzten euch erkennen lassen.

14 Liebt Jesus mit einem großen Herzen. Dient Jesus mit Freude, räumt alles beiseite, was euch Sorgen macht, und vergesst es. Damit ihr das tun könnt, müsst ihr liebevoll wie Kinder beten, mit dem aufrichtigen, großen Wunsch, viel zu lieben und dafür zu leben, dass Christus, „die Liebe, die nicht geliebt wird“ (Franziskus), geliebt werde.

15 Vertraut auf Gott, der uns liebt und für uns sorgt, der alles sieht, alles weiß und alles zu meinem und dem Wohl der anderen tun kann. Jesus bittet mich nur um Eines: dass ich mich auf ihn stütze, dass ich allein auf ihn mein ganzes Vertrauen setze, dass ich mich ihm vorbehaltlos ausliefere. Um nach der Vollkommenheit streben zu können, muss ich alle meine Wünsche aufgeben. Auch wenn alles misslingt und ich mich wie ein Schiff ohne Kompass fühle, muss ich mich ganz ihm schenken.

16 Ich darf nicht beurteilen, wie Gott an mir handelt; ich darf nicht die Schritte zählen, die er mich machen lässt. Ich darf mich nicht danach sehnen zu wissen, wie ich auf dem Weg vorankomme, und auch nicht, wo ich auf dem Weg zur Heiligkeit stehe. Ich bitte ihn einfach darum, dass er mich heilig werden lässt. Wie diese Heiligkeit aussieht und welche Mittel und Wege dahin führen, darüber kann nur er befinden.

17 Bin ich überzeugt von Christi Liebe zu mir und von meiner Liebe zu ihm? Diese Überzeugung ist wie das Sonnenlicht, das den Lebenssaft fließen und die Knospen der Heiligkeit aufblühen lässt. Diese Überzeugung ist der Fels, auf dem die Heiligkeit aufbaut. Was müssen wir tun, um zu dieser Überzeugung zu kommen? Wir müssen Jesus kennenlernen, Jesus lieben, Jesus dienen. Wir lernen ihn kennen durch das Gebet, die Meditation und die Erfüllung der geistlichen Übungen. Wir lieben ihn durch die heilige Messe, die Sakramente und durch die innere Liebeseinheit.

18 Was ist unser geistliches Leben? Es ist eine Liebeseinheit mit Jesus, in der sich das Göttliche und das Menschliche vollkommen durchdringen. Jesus möchte von mir nur, dass ich mich ihm ganz schenke in all meiner Armut und Nichtigkeit.

19 Heilig sein bedeutet: Ich werde mich von allem freimachen, was nicht Gott ist. Ich werde mein Herz entblößen und es von allem Geschaffenen freimachen. Ich werde in Armut und Loslösung leben. Ich

werde auf meinen Willen, meine Neigungen, meine Träume und Wünsche verzichten und ein williger Diener des Willens Gottes sein. Ja, meine Kinder, für jeden einzelnen von uns bete ich täglich darum, dass wir Diener des Willens Gottes werden.

20 Die Kirche Gottes braucht heute Heilige. Das erlegt uns Schwestern die große Verantwortung auf, gegen unser Ego und den Hang zur Bequemlichkeit anzukämpfen. Sonst werden wir dazu verleitet, uns für eine bequeme, unbedeutende Mittelmäßigkeit zu entscheiden. Wir sind berufen, in unserem Leben mit Christus zu wetteifern; wir sind berufen, Krieger im Sari zu sein, denn die Kirche braucht heute Kämpfer. Unser Schlachtruf muss lauten: Kämpfen – nicht fliehen! Und dabei mit beiden Beinen auf dem Boden bleiben.

21 Jeden Tag sollten wir mit neuer Entschlossenheit und neuem Eifer leben, als wäre es der erste Tag unserer Bekehrung. Sagen wir: „Herr, Gott, hilf mir in meinem guten Vorsatz und in deinem heiligen Dienst, gib mir die Gnade, heute neu zu beginnen, denn was ich bislang getan habe, ist nichts."

22 Unser Ideal ist Jesus, nichts anderes. Wir müssen denken wie er, lieben wie er und wünschen, was er wünscht. Wir müssen es ihm ermöglichen, uns ganz in seinen Dienst zu nehmen. Die Demut Christi ist wunderbar: „Er war Gott gleich, hielt aber nicht daran fest, wie Gott zu sein, sondern er entäußerte sich und

wurde wie ein Sklave und den Menschen gleich. Sein Leben war das eines Menschen …" (Phil 2,6ff).

23 Die Demut Jesu wird sichtbar in der Krippe, auf der Flucht nach Ägypten, in seinem verborgenen Leben, in der Schwierigkeit, sich den Menschen verständlich zu machen, im Hass seitens der Verfolger, in seinem entsetzlichen Leiden und dem Tod am Kreuz. Heute zeigt sich seine Demut in seiner ständigen verborgenen Gegenwart im Tabernakel. Er hat sich zu einem kleinen Stück Brot gemacht, so dass der Priester ihn mit zwei Fingern halten kann. Je mehr wir uns selbst leer machen, desto mehr geben wir Gott Raum, damit er uns erfüllen kann.

24 Achten wir darauf, dass weder Stolz noch Eitelkeit in unser Tun eindringen. Unsere Arbeit ist Werk Gottes; die Armen sind die Armen Gottes. Arbeitet für Jesus, dann wird Jesus mit euch arbeiten. Betet mit Jesus, dann wird Jesus durch euch beten. Je mehr ihr euch selbst vergesst, desto mehr wird Jesus an euch denken. Je mehr ihr euch von euch selbst loslöst, desto mehr wird Jesus mit euch verbunden sein. Gebt euch ganz unter den Einfluss Jesu, damit er in euch seine Gedanken denken kann und sein Werk durch eure Hände tun kann, denn mit ihm, der euch stärkt, werdet ihr alles tun können.

25 Die Kirche braucht „Erneuerung". Erneuerung meint nicht die Änderung von Gewohnheiten oder einigen Gebeten. Erneuerung bedeutet Treue zum

Geist unseres Werkes, Streben nach Heiligkeit durch ein Leben der Armut, Demut und der aufrichtigen, geduldigen Liebe, durch spontane Opfer und Großherzigkeit, welche ihren Ausdruck in der Reinheit und Aufrichtigkeit findet.

26 Wenn wir beten, sollten wir Jesus immer wieder bitten: Heilige mich, wie du heilig bist, mach mich gütig und von Herzen demütig. Er bestand darauf: „Lernt von mir; denn ich bin gütig und von Herzen demütig" (Mt 11,29).
Wir lernen Jesus kennen durch Bibelstunden und Meditationen über das Evangelium, aber haben wir seine Demut verstanden? Fasziniert uns die Demut? Zieht sie uns an?

27 Wir sollten uns selbst gut kennen, die guten wie die schlechten Seiten. Jeder von uns hat viel Gutes und viel Schlechtes in sich.

28 Mit dem Himmelreich ist es wie mit einem Kaufmann, der schöne Perlen suchte (vgl. Mt 13,45). – Wir haben Großes versprochen, aber noch Größeres ist uns verheißen. Seid Christus treu und betet um Standhaftigkeit. Sagt euch immer wieder: Ich bin für Größeres geschaffen. Geht nie hinter euer Lebensideal zurück. Gebt euch mit nichts anderem zufrieden als mit Gott.

29 Danken wir Gott für all seine Liebe zu uns, die sich so vielgestaltig und an vielen Orten zeigt. Als Antwort auf seine Liebe und zum Zeichen dankbarer Verehrung wollen wir den Entschluss fassen, heilig zu werden, denn er ist heilig. Jedes Mal, wenn Jesus den Menschen seine Liebe erweisen wollte, wurde er abgewiesen. Schon als seine Eltern vor seiner Geburt eine einfache Bleibe suchten, fanden sie keine.

30 Jesus tritt in unser Leben ein als das Brot des Lebens. Er gibt sich uns zur Speise, er lässt sich von uns verzehren. So sehr liebt er uns. Und er kommt in unser Leben als einer, der Hunger hat. Er hofft, dass wir ihm das Brot unseres Lebens, unseres liebenden Herzens und unserer dienenden Hände geben. Wenn wir lieben und dienen, bezeugen wir, dass wir als Abbild Gottes geschaffen sind. Denn Gott ist Liebe, und wenn wir lieben, sind wir ihm ähnlich. Das meinte Jesus, als er sagte: „Ihr sollt … vollkommen sein, wie es auch euer himmlischer Vater ist“ (Mt 5,48).

Mai

1 Wir müssen eine tiefe Liebe zu Maria haben. Denn sie war es, die Jesus lehrte, zu gehen, zu beten, sich zu waschen, all die Kleinigkeiten zu tun, die unser menschliches Leben verschönern. Sicher hat sie ihm all das beigebracht. Und so wird es auch heute sein: Sie ist immer bereit, uns zu helfen. Sie lehrt uns, ganz allein Jesus zu gehören, nur ihn zu lieben, ihn zu erkennen, wenn er sich im Leid verbirgt, ihn zu berühren und ihm zu dienen.

2 Maria war eine echte Missionarin. Sie fürchtete sich nicht, die Magd des Herrn zu sein. Eilends machte sie sich auf den Weg zu Elisabet, um für sie die Arbeit einer Magd zu verrichten. Marias Demut wurde konkrete Liebe. Wir wissen, wie das Kind in Elisabets Schoß darauf reagierte: Es hüpfte vor Freude in ihrem Leib (vgl. Lk 1,41.44). Es war das erste Geschöpf, das Christi Kommen erkannte. Die Mutter des Herrn sang daraufhin voll Freude und Dankbarkeit das Magnifikat als Lobpreis auf den Herrn.

3 Marias Größe besteht in ihrer Demut. Es ist kein Wunder, dass Jesus, der in ihrer Nähe aufwuchs, so sehr darauf bedacht ist, dass wir von ihm und seiner Mutter dieses Eine lernen: gütig und demütig von Herzen zu sein.

4 Niemand hat so wie Maria verstanden, was Demut ist. Als Magd des Herrn war sie ganz leer von sich selbst, und Gott erfüllte sie mit Gnade. „Voll der Gnade" bedeutet voll von Gott. Eine Magd steht ihrem Herrn ganz zur Verfügung, sie lässt sich von ihm voll Vertrauen und Freude in Dienst nehmen, wie er will. Sie gehört ihm ohne Vorbehalt. Dies ist ein Kernpunkt der Spiritualität unserer Gemeinschaft.

5 Ganzhingabe – das ist Verfügbarkeit für Gott, die Bereitschaft, sich von ihm in Dienst nehmen zu lassen, wie er will, seine Magd zu sein, ihm zu gehören.

6 Maria lehrt uns durch ihr Beispiel, was Demut ist. Sie, die Mutter Gottes, dient im Haus der Elisabet wie eine Magd. Sie, die ohne Erbschuld Empfangene, ist bei Jesus, als er gedemütigt wird und das Kreuz trägt; sie steht unter dem Kreuz als eine von uns, wie eine Sünderin, die der Erlösung bedarf.

7 Maria ähnlich sein … Je größer die Gnade ist, die wir empfangen haben, mit desto größerer und feinfühligerer Liebe sollten wir die Leprakranken berühren und für die Sterbenden, die Einsamen und Ausgestoßenen da sein.
Ihr ähnlich sein … Nehmen wir wie sie immer das Kreuz an, in welcher Form es uns auch trifft.

8 Möge mein Herz erfüllt werden von der Demut Marias. Maria, lehre mich, wie du Jesus gelehrt hast, gütig und demütig von Herzen zu sein und so unseren Vater im Himmel zu ehren.

9 Maria gehorcht dem Engel: „Mir geschehe, wie du es gesagt hast“ (Lk 1,38).
Wie der Engel gesagt hat ... Das Wort des Engels steht hier für das Wort Gottes. Gott hat ihn zu Maria gesandt. Und sie, die Himmelskönigin, gehorcht dem Engel. Maria gehorcht auch dem heiligen Josef, ordnet sich ihm mit großer Liebe unter. Sie rechtfertigt sich nicht. Sie sah im heiligen Josef IHN, dessen Platz er übernommen hatte.

10 Im Evangelium lesen wir, dass Gott die Welt so sehr geliebt hat, dass er seinen einzigen Sohn hingab (vgl. Joh 3,16). Er gab ihn einer jungen, einfachen Frau aus dem Volk. Sie war das reinste, das heiligste menschliche Geschöpf. Und sie sagte, als sie ihn empfing (sie wusste, wer er war): „Ich bin die Magd des Herrn; mir geschehe, wie du es gesagt hast“ (Lk 1,38). Mutter Jesu sollte sie werden. Deshalb sage ich oft: Niemand auf der Welt hätte ein besserer Priester sein können als Maria, die reinste Jungfrau. Und doch blieb sie die Magd des Herrn. Jesus hat sie nicht zum Priester geweiht.

11 Bitten wir in dieser Zeit Maria, dass sie uns ihr Schweigen, ihre Freundlichkeit und ihre Demut lehre. Maria, dein Schweigen soll zu mir sprechen und

mich lehren, mit dir und wie du alles im Herzen zu bewahren, nichts zu erwidern, wenn ich angeschuldigt oder zurechtgewiesen werde, sondern allzeit in der Stille des Herzens zu beten wie du.

12 Bitten wir Maria, bei uns zu sein. Bitten wir sie, uns ihr wundervolles, reines, unbeflecktes Herz zu schenken – ein Herz voller Liebe und Demut, ein Herz, das bereit ist, Jesus als Brot des Lebens zu empfangen, das ihn liebt, wie Maria ihn geliebt hat, und ihm dient in der Gestalt der Leidenden und Armen.

13 Wir alle haben auf die eine oder andere Weise versucht, eine Freude für Maria zu sein. Im Laufe des Tages nennen wir sie oft „Ursache unserer Freude“. Die Freude ihres Sohnes ist unsere Kraft. Versprechen wir, aus unserer Gemeinschaft ein „zweites Betlehem“ zu machen, ein „zweites Nazaret“. Lieben wir einander, wie wir Jesus lieben. Das Haus von Nazaret war geprägt von Liebe, Einheit, Gebet, Opfer, harter Arbeit und besonders von großem Verständnis und gegenseitiger Wertschätzung; jeder war auf den anderen bedacht.

14 Wir brauchen ein tiefes Gebetsleben, um so lieben zu können, wie Jesus jeden von uns liebt. Bitten wir Maria: Liebe Mutter, lehre mich lieben und mach mich dazu bereit.
Es genügt nicht, Priester, Ordensbruder oder Ordensschwester zu werden. Wir müssen immer demütiger werden, wie Maria, und heilig wie Jesus. Wären wir

demütig wie Maria, dann könnten wir heilig werden wie Jesus. Und das ist alles: heilig werden wie Jesus.

15 Weil Gott die Welt liebt, sandte er seinen Sohn. Jetzt sendet er euch, damit ihr sein Wort seid. Es muss „Fleisch werden“ in den Herzen der Menschen. Deshalb braucht ihr die Hilfe der Muttergottes. Als das Wort Gottes zu ihr kam und in ihr Mensch wurde, da gab sie es den anderen weiter. Bei euch soll es ebenso sein: Das Wort Gottes ist zu euch gekommen und in euch „Fleisch geworden“. Jetzt müsst ihr lernen, seine Liebe weiterzuschenken.

16 Im Geheimnis der Verkündigung und bei ihrem Besuch bei Elisabet steht Maria vor uns als Vorbild. Sie hat Jesus in ihr Leben aufgenommen, dann machte sie sich eilends auf den Weg zu ihrer Kusine Elisabet. Was sie empfangen hatte, musste sie weitergeben. Wie Maria sollt auch ihr das Wort, das ihr in der Meditation empfangen habt, sofort weiterschenken. In der Eucharistie nimmt Jesus, das Wort Gottes, Fleisch an in unserem Leben – dies ist ein ganz besonderes, kostbares Geschenk Gottes. Warum ausgerechnet ihr und nicht andere berufen sind, *Kontemplative Brüder* zu sein, weiß ich nicht. Aber ihr müsst dieses Geschenk sorgsam bewahren, denn er, das WORT, möchte „Fleisch werden“ in euch und in denen, die euch folgen.

17 Jesus möchte, dass wir heilig sind, wie sein Vater heilig ist. Wir können große Heilige werden, wenn wir es nur wollen. Heiligkeit ist nicht ein Luxus für wenige, sondern eine Pflicht für euch wie für mich.

18 Während wir uns auf das Kommen des Heiligen Geistes vorbereiten, bete ich für euch, dass der Heilige Geist euch mit seiner Reinheit erfülle, damit ihr ineinander und in den Armen, denen ihr dient, das Antlitz Gottes sehen könnt. Ich bitte den Heiligen Geist, euch von aller Unreinheit zu befreien, den Leib, die Seele, den Verstand, den Willen und das Herz, damit jeder von euch ein lebendiger Tabernakel Gottes wird und den Menschen seine Liebe und Barmherzigkeit bringen kann. Bittet den Heiligen Geist, dass er euch zu Sündern ohne Sünde macht.

19 Wir wollen dieses Jahr zu einem ganz besonderen Jahr des Friedens machen. Deshalb werden wir mehr zu Gott und mit Gott sprechen und weniger mit den Menschen und zu den Menschen. Verkünden wir den Frieden Christi, wie er es getan hat. Er zog umher und tat Gutes (vgl. Apg 10,38). Er ließ nicht von den Werken der Barmherzigkeit ab, als die Pharisäer und andere ihn hassten oder versuchten, das Werk des Vaters zu zerstören. Er zog weiter umher und tat Gutes. Kardinal Newman schreibt: „Hilf mir, deinen Wohlgeruch zu verbreiten, wo immer ich hinkomme. Gib, dass ich dich verkünde, ohne zu predigen: nicht mit Worten, sondern durch mein Beispiel."

20 Damit unser Leben Frucht bringt, müssen wir von Christus erfüllt sein. Wir können seinen Frieden, seine Freude und seine Liebe nur dann weitergeben, wenn wir selbst davon erfüllt sind. Denn wir können nicht geben, was wir nicht haben; sonst wären wir Blinde, die einen Blinden führen. Die Armen in den Slums sind ohne Jesus, und wir haben das Vorrecht, in ihre Häuser kommen zu dürfen. Was sie von uns denken, spielt keine Rolle, es kommt darauf an, was wir für sie sind. In die Slums zu gehen, bloß um etwas zu tun, genügt nicht; dadurch allein können wir die Armen nicht zu Jesus führen. Wenn du mit dir selbst und deinen Dingen beschäftigt bist, wirst du unser Ideal nicht leben können.

21 Wenn ihr den Leuten ein entstelltes Bild von Christus gebt, einen zerteilten, lahmen, gekrümmten Christus, dann werden sie nur dieses Bild vor Augen haben. Wenn ihr dagegen möchtet, dass sie ihn lieben, müssen sie ihn zuvor kennenlernen. Zeigt also den Menschen – zunächst den Schwestern, dann den Bewohnern der Slums – den ganzen Christus: einen Christus voller Eifer, Liebe, Freude und Sonnenschein. Fragen wir uns: Komme ich diesem Ziel näher? Oder bin ich ein dunkles Licht, ein falsches Licht, eine Lampe ohne Strom, die kein Licht ausstrahlt? Unser Herz soll ein strahlendes Licht sein. Bitten wir Jesus: „Hilf mir, deinen Wohlgeruch zu verbreiten, wo ich auch hingehe.“ Das ist unsere Aufgabe, und deshalb nennt man uns Schwestern der Slums, Träger der Liebe Christi.

22 Die Schwestern sollten in den Slums einen Platz finden, wo sie mit den Kindern von den Straßen zusammenkommen können, wer sie auch sind. Zuerst sollen sie sich darum kümmern, dass die Kinder sauber sind und zu essen haben, dann bringen sie ihnen ein wenig Lesen und Schreiben bei. Über die Religion sollten sie zu ihnen auf ganz einfache, interessante Weise sprechen. Das, was die Schwestern unterrichten, soll den Kindern Freude machen und zugleich lehrreich sein.

23 Es ist gut, wenn die Schwestern die Kinder zur Messe bringen. Setzt euch nach Kräften dafür ein, dass sie zur Messe kommen. Wenn ihr euch für ein Kind einsetzt, obwohl es Mühe kostet, wird Gott ihm in seiner grenzenlosen Barmherzigkeit Licht und Gnade schenken – wegen all der Mühe, die ihr aufgewendet habt. Verliert nie die Barmherzigkeit Gottes aus den Augen. Nehmt die Mühe auf euch, in den Kindern die Liebe zur Messe zu wecken. Helft ihnen, die Bedeutung der Messe zu verstehen und sich mit einfachen Gebeten und Liedern an der Feier zu beteiligen. Achtet darauf, wie ihr die Kinder während der Messe ermahnt. Weist sie nicht laut zurecht. Faltet eure Hände und stimmt selbst in die Gebete und Lieder ein. Die Kinder werden genau das tun, was ihr tut.

24 Bei ihren Besuchen in den Familien regen die Schwestern die Verehrung des heiligsten Herzens Jesu und das Rosenkranzgebet an. Sie sollten die katholischen Familien davon überzeugen, sich dem

heiligsten Herzen Jesu und dem unbefleckten Herzen Marias zu weihen. Wir müssen unser Möglichstes tun, damit die Familien vereint bleiben. Erinnern wir uns, dass „eine Familie, die zusammen betet, zusammenhält“. Es gibt so viele zerrüttete Familien, so viele Eheleute, die sich getrennt haben. Lehrt sie, dass man ohne Gebet nicht das Glück findet. Auch im hohen Alter ist man nicht vor Versuchungen gefeit.

25 Überall in der Welt herrscht großes Leid, ein schrecklicher Hunger nach Liebe. Beten wir in unseren Familien, beten wir mit den Kindern. Lehrt sie beten. Denn ein Kind, das betet, ist ein glückliches Kind. Eine Familie, die betet, ist eine geeinte Familie.

26 Wenn ihr die Familien besucht, werdet ihr mit viel Elend konfrontiert. Ihr werdet manchmal ein kleines Kind treffen, das zusieht, wie der Vater stirbt, oder den Kopf der toten Mutter hält. In solchen Augenblicken müsst ihr alle Kraft aufbringen, um dem Kind in seinem Leid beizustehen. Einmal hat man zwei Kinder neben ihrem Vater gefunden, der schon zwei Tage tot war. Gott sei Dank kamen die Schwestern, standen den Kindern bei und verhalfen dem Vater zu einem würdigen Begräbnis.

27 Unser Bischof hat seine Zustimmung dazu gegeben, dass wir die Sterbenden taufen. *Nirmal Hriday*, das Haus für die Sterbenden in Kalkutta, ist kein Selbstzweck. Wenn es nur darum ginge, die Leute zu waschen und zu pflegen, würden wir das Haus noch

heute schließen. Aber weil es die Möglichkeit bietet, zum Herzen der Menschen zu gelangen, ist es von größter Bedeutung. In *Nirmal Hriday* verstehen wir besser den Wert einer Seele.

28 Vor einiger Zeit fand ich auf der Straße einen Mann, der von Schmutz und Würmern bedeckt war. Die Würmer hatten ihn praktisch bei lebendigem Leib aufgefressen, sie krochen überall auf seinem Leib. Nur sein Gesicht war nicht davon befallen. Ich nahm ihn mit zu unserem Haus. Er sagte: „Wie ein Tier habe ich auf der Straße gelebt. Nun werde ich wie ein Engel sterben, geliebt und umsorgt." Wir brauchten drei Stunden, um ihn zu säubern und die Würmer von seinem Leib zu entfernen. Dann sagte er: „Schwester, ich gehe nun heim zu Gott." und starb. Er ging wirklich heim zu Gott, mit einem wunderschönen Lächeln auf seinem Gesicht. Ich habe nie ein Lächeln wie dieses gesehen. Der Mann hatte wie ein Tier auf der Straße gelebt. Und doch hatte er Mut. Er freute sich. Sein Gesicht strahlte Frieden und Freude aus, weil jemand ihn liebte, ihn annahm und ihm half, im Frieden mit Gott zu sterben.

29 Neulich schrieb mir ein Mann aus Brasilien, eine hohe Persönlichkeit, dass er den Glauben an Gott und die Menschen verloren habe. Er hatte seine Stellung aufgegeben und wollte Selbstmord begehen. Eines Tages kam er an einem Geschäft vorbei; im Schaufenster fiel sein Blick auf einen Fernseher, in dem gerade eine Sendung über *Nirmal Hriday* lief. Er sah,

wie die Schwestern sich um die Kranken und Sterbenden kümmerten. Er schrieb mir, er habe sich danach hingekniet und zum ersten Mal seit vielen Jahren gebetet. Nun hat er sich entschieden, zu Gott zurückzukehren. Er hat den Glauben an die Menschheit wieder gefunden, weil er gesehen hat, dass Gott die Welt immer noch liebt.

30 Allein die Tatsache, dass Gott euch einen bestimmten Menschen über den Weg schickt, ist ein Zeichen, dass Gott etwas für ihn tun möchte. Es ist kein Zufall, sondern eine Fügung Gottes. Wir müssen uns im Gewissen verpflichtet wissen, für diesen Menschen da zu sein. Wenn sich jemand nach Gott sehnt, hat er ein Recht darauf, den Weg kennenzulernen, um zu ihm zu gelangen. Niemand darf ihn daran hindern. Schaut auf das Kreuz, und ihr werdet verstehen, wie viel jeder einzelne für Jesus bedeutet.

31 Der Eifer für die Seelen ist Frucht und Zeichen wahrer Gottesliebe. Der Wunsch, Menschen zu Gott zu führen, muss uns verzehren. Nichts liegt Jesus so sehr am Herzen wie das Heil der Menschen. In diesem Eifer erweist sich unsere Liebe, und diese muss sich in der Hingabe unseres Lebens und im Einsatz all unserer Kräfte als echt erweisen.

Juni

1 „Du sollst den Herrn, deinen Gott, lieben mit ganzem Herzen, mit ganzer Seele und mit all deinen Gedanken“ (Mt 22,37).
Das ist das Gebot unseres unendlich großen Gottes. Er wird von uns sicher nichts Unmögliches verlangen. Liebe ist wie eine Frucht, die in jeder Jahreszeit reift und die jedermann pflücken kann. Jeder kann lieben, da gibt es keine Ausnahmen. Man findet zur Liebe durch Meditation, Gebet, Opfer und ein tiefes inneres Leben. Sind wir wirklich davon geprägt?

2 Ich möchte, dass eure Herzen mit einer großen Liebe erfüllt sind. Glaubt nicht, dass eine echte, brennende Liebe etwas Außergewöhnliches ist. Nein, es kommt nur darauf an, dass wir beständig den Wunsch haben, den zu lieben, der uns liebt.

3 Um Gott zu besitzen, müssen wir ihm erlauben, von unserer Seele Besitz zu ergreifen. Wie arm wären wir, wenn Gott uns nicht die Kraft gegeben hätte, uns ihm zu schenken! Und wie reich sind wir jetzt! Wie leicht ist es, Gott zu erobern! Wenn wir uns ihm schenken, dann gehört Gott uns, und nichts gehört uns mehr als er. Die Münze, mit der Gott unsere Hingabe entlohnt, ist er selbst. Wir werden würdig, ihn zu besitzen, wenn wir uns ganz und gar ihm überlassen.

4 Sich Gott hingeben, heißt sich ihm ganz schenken. Wir müssen uns ihm ganz schenken, denn Gott hat sich uns ganz geschenkt. Wenn Gott uns nichts schuldet und bereit ist, uns nichts weniger als sich selbst zu geben, können wir dann als Antwort darauf nur einen Teil von uns geben? Müssen wir uns ihm nicht ganz geben, um Gott selbst aufnehmen zu können? Ich für Gott, Gott für mich. Ich lebe für ihn und gebe mich selbst auf, und so lebt Gott in mir.

5 Hingabe an Gott bedeutet, ihm meinen freien Willen, mein Denken, mein ganzes Leben anzubieten in einem freien Akt des Glaubens. Meine Seele ist vielleicht in der Dunkelheit. Doch gerade in Prüfungen und Leiden erweist sich meine uneingeschränkte Hingabe.

6 Sich Gott hingeben, bedeutet wirklich lieben. Je mehr wir uns ihm ergeben, desto mehr lieben wir Gott und die Menschen. Wenn wir die Menschen wirklich lieben, müssen wir bereit sein, an ihrer Stelle ihre Sünden auf uns zu nehmen und sie zu tilgen durch Buße und ständige Abtötung. Wir müssen ein lebendiges Opfer sein, denn das ist es, was die Menschen brauchen.

7 Gottes Liebe kennt keine Grenzen. Sie ist ohne Maß, und ihre Tiefe ist nicht auszuloten. Jesus zeigte es uns in seinem Leben und Sterben. Deshalb darf auch unsere Liebe keine Grenzen kennen: Wir müssen bereit sein, uns ganz Gott zu schenken und sei-

ne verschmähte Liebe zu sühnen, das heißt, uns aufopfern für die Menschen, die seine Liebe abgelehnt haben.

8 Die Liebe ist wie ein Gewand, dessen Saum den Schmutz berührt und Straßen und Gassen sauber fegt. Da sie dies kann, muss sie es auch tun. Eine *Missionarin der Nächstenliebe*, die diesen Namen verdient, muss voll Liebe sein und diese Liebe auf andere überströmen lassen, ob sie Christen sind oder nicht.

9 Machen wir uns heute neu bewusst, wie sehr Gott jeden von uns liebt. Seine Liebe ist voll Zärtlichkeit. Seine Liebe ist so groß, so echt und lebendig, dass Jesus kam, um uns zu lehren, wie man liebt. Die Liebe erkaltet nie, sie bleibt immer lebendig. Die Werke der Liebe, die unsere Liebe zum Ausdruck bringen, sind ein Weg zum Frieden. Und wo beginnt diese Liebe? In unserem Herzen! Wir müssen uns bewusst sein, dass wir für etwas Großes geschaffen sind, nicht dafür, eine Nummer in der Welt zu sein und auch nicht dafür, akademische Grade und Titel zu erwerben oder diese oder jene Arbeit zu tun. Wir sind geschaffen, um zu lieben und geliebt zu werden.

10 Immer wieder hören wir diesen Satz aus dem Evangelium: „Wenn ihr nicht … wie die Kinder werdet, könnt ihr nicht in das Himmelreich kommen" (Mt 18,3). Wie ein Kind sein heißt, ein reines Herz haben, ein Herz, das Jesus in sich trägt und ihm immer wieder sagt: Jesus, du bist in mir, ich glaube an deine

große Liebe zu mir. Ich liebe dich. Ein solches Herz brauchen wir, auch die Jüngsten. Dann können wir zum Kreuz aufblicken und werden verstehen, wie sehr Jesus mich geliebt hat, jeden einzelnen von uns.

11 Unser Glaube ist ein Evangelium der Liebe. Es offenbart uns Gottes Liebe zu den Menschen und verlangt als Antwort die Liebe der Menschen zu Gott. „Gott ist die Liebe" (1 Joh 4,8); eine *Missionarin der Nächstenliebe* muss deshalb die Liebe bezeugen. Wir müssen Gottes Liebe auf der Erde verbreiten, wenn wir möchten, dass die Menschen aus ganzem Herzen ihre Schuld bereuen, dass sie in der Versuchung stark werden, dass sie an Großherzigkeit wachsen und immer mehr wünschen, für Christus zu leiden. Wir sollten unter den Menschen ein sichtbarer Ausdruck der Liebe Christi sein. Denken wir an die Worte aus der *Nachfolge Christi*: „Die Liebe spürt keine Bürde, misst keine Mühe, möchte mehr tun, als sie kann. Sie klagt nicht über das Unmögliche, weil sie glaubt, dass sie alles tun darf und tun kann. Wenn sie müde ist, ist sie doch nicht erdrückt; wenn sie gefordert wird, erleidet sie keinen Zwang; wenn sie verängstigt ist, lässt sie sich nicht verwirren. Wie eine lebendige Flamme, wie eine brennende Fackel steigt sie empor und überwindet alle Widerstände."

12 Bei unserer Arbeit kann es vorkommen, dass wir uns zu eitlen Unterhaltungen oder unnützem Gerede verleiten lassen. Seien wir auf der Hut, dass dies nicht auch bei unseren Besuchen in den Fa-

milien geschieht. Es könnte sein, dass wir über die persönlichen Angelegenheiten von diesem oder jenem reden und den eigentlichen Grund unseres Besuches vergessen. Wir kommen, um den Frieden Christi zu bringen, wie können wir da Unruhe stiften? Wie sehr muss ein solches Verhalten unseren Herrn schmerzen! Nie dürfen wir zulassen, dass Leute schlecht über Priester, Ordensleute, ihre Nachbarn oder andere reden.

13 Wenn wir in eine Familie kommen, in der die Stimmung getrübt ist und es vielleicht bald zu Lieblosigkeiten kommen wird, dann beten wir inständig für diese Menschen und geben ihnen einige Anstöße, mehr an Gott zu denken; dann gehen wir gleich weg. Solange der Friede nicht zurückgekehrt ist, können wir nichts Gutes tun. Ebenso müssen wir mit denen umgehen, die nur mit uns reden wollen und uns um unsere kostbare Zeit bringen.

14 Die Liebe beginnt zu Hause. Alles hängt davon ab, wie sehr wir einander lieben. Sorgt dafür, dass eure Gemeinschaften in dieser Liebe leben! Verbreitet überall, wo ihr hinkommt, den Duft der Liebe Jesu. Fürchtet euch nicht, zu lieben, bis es wehtut, denn auch Jesus hat so geliebt.

15 Seid freundlich und liebenswürdig zueinander, denn ihr könnt nicht Christus in der Gestalt des Armen lieben, wenn ihr nicht Christus im Herzen der Brüder und Schwestern liebt. Die Liebe ist nur lebendig, wenn sie im Opfer wurzelt. Seid großzügig in den

Bußübungen und all den Opfern, die unsere Armut mit sich bringt. Dann könnt ihr aufrichtig und ehrlich sagen: Mein Gott und mein Alles.

16 Je mehr ich in der Welt herumkomme, desto besser verstehe ich, wie notwendig es für uns ist, dass unsere Arbeit Gebet wird, Ausdruck unserer Liebe zu Gott. Dies ist nur möglich, wenn wir uns Gott ganz schenken, unserem Vorgesetzten und einander in Liebe vertrauen und den Armen mit Freude begegnen.

17 Es ist nicht möglich, sich im direkten Apostolat einzusetzen, ohne zu beten, ohne den Willen Gottes zu erforschen und sich ihm zu unterwerfen.

18 Wir müssen heilig werden – nicht, weil wir uns als Heilige fühlen wollen, sondern damit Christus in Fülle in uns leben kann. Wir müssen ganz Liebe, Glaube, Reinheit sein – aus Liebe zu den Armen, denen wir dienen. Wenn wir einmal gelernt haben, zuerst Gott und seinen Willen zu suchen, dann führen die Begegnungen mit den Armen uns und andere zu großer Heiligkeit. Heiligkeit ist Einheit mit Gott; im Gebet wie im Tun kommen wir von Gott zu Christus und gehen durch Christus zu Gott.

19 Die heilige Margareta Maria Alacoque stellte eines Tages Jesus die Frage: „Herr, was möchtest du, das ich tue?" – „Gib mir freie Hand", antwortete Jesus. Er wird das göttliche Werk der Heiligung vollbringen, nicht ihr. Er bittet nur um eure Fügsamkeit. Lasst

euch von ihm leer machen und zurechtweisen. Er füllt dann den Kelch eures Herzens bis zum Rand, damit ihr von eurer Fülle weitergeben könnt. Schaut auf ihn im Tabernakel; richtet eure Augen auf ihn, der das Licht ist; bringt eure Herzen zu seinem göttlichen Herzen; bittet ihn um die Gnade, ihn kennenzulernen, um die Liebe zu ihm und um den Mut, ihm zu dienen. Sucht ihn mit Eifer.

20 Von jeher haben die Menschen die Notwendigkeit verspürt, Gott Opfer darzubringen, doch – wie Paulus sagt – „das Blut von Stieren und Böcken kann unmöglich Sünden wegnehmen“ (Hebr 10,4). Deshalb musste Jesus Christus ein anderes Opfer darbringen: sich selbst. Jesus, der am Kreuz stirbt, ist unser Opfer. Denken wir nicht, die heilige Messe sei nur ein Gedächtnis. Nein, sie ist auch das Opfer, das Jesus am Kreuz darbrachte. Es ist sehr tröstlich, dass dieses Opfer auch unser Opfer ist.

21 Bemüht euch, in der Liebe zum eucharistischen und zum leidenden Christus zu wachsen, indem ihr mit Freude die kleinen tagtäglichen Opfer annehmt. Vernachlässigt diese kleinen Geschenke nicht, denn sie sind sehr wertvoll für euch und für andere.

22 Wenn wir Christus kennenlernen, ihn entdecken in der Gestalt der Armen, werden wir zu einer persönlichen Liebe zu ihm finden. Diese Liebe wird uns aber nur dann Licht und Freude schenken, wenn sie zu frohem gegenseitigem Dienst wird. Ver-

gesst nicht, dass wir einander brauchen. Unser Leben wäre leer ohne die Beziehung untereinander. Wie können wir Gott und seine Armen lieben, wenn wir nicht die lieben, mit denen wir Tag für Tag zusammen leben und das Brot brechen?

23 Voller Zärtlichkeit und Liebe sagt Jesus, der sich uns in der heiligen Kommunion schenkt: „Mein Fleisch ist wirklich eine Speise und mein Blut ist wirklich ein Trank. Wer mein Fleisch isst und mein Blut trinkt, der bleibt in mir, und ich bleibe in ihm" (Joh 6,55f). Könnte Jesus mehr für mich tun, als mir sein Fleisch zur Speise zu geben? Nein, selbst Gott könnte nicht mehr tun, er könnte mir keine größere Liebe erweisen.

24 Die heilige Kommunion ist, wie das Wort sagt, innigste Vereinigung von Jesus mit unserer Seele und unserem Leib. Wenn wir uns nach dem Leben sehnen und es in größerer Fülle haben möchten, müssen wir aus dem Fleisch unseres Herrn leben. Die Heiligen haben das verstanden; sie verbrachten oft Stunden damit, sich auf die Kommunion vorzubereiten und noch längere Zeit mit der Danksagung. Dies bedarf keiner Erklärung, denn wer kann „die Tiefe des Reichtums, der Weisheit und der Erkenntnis Gottes" (Röm 11,33) ermessen? Paulus schrieb: „Wie unergründlich sind seine Entscheidungen, wie unerforschlich seine Wege! Denn wer hat die Gedanken des Herrn erkannt?" (Röm 11,33f).

25 Wenn ihr das Brot des Lebens empfangen habt und mit Christus in eurem Herzen sprecht, dann denkt daran, was Maria empfunden haben muss, als sie vom Heiligen Geist überschattet wurde und den Leib Christi empfing. Der Geist war so mächtig in ihr, dass sie sich eilends aufmachte, um zu dienen.

26 In der Heiligen Schrift lesen wir, wie feinfühlig Gottes Liebe ist. So sehr hat er die Welt geliebt, dass er seinen Sohn sandte. Jesus wurde einer von uns, er brachte uns die frohe Botschaft, dass Gott Liebe ist, dass Gott dich und mich liebt. Gott möchte, dass wir einander lieben, wie er jeden von uns liebt. Wenn wir auf das Kreuz blicken, verstehen wir, wie sehr Jesus uns geliebt hat. Und wenn wir auf die Eucharistie schauen, verstehen wir, wie sehr er uns jetzt liebt. Er macht sich zum Brot des Lebens, um unseren Hunger nach seiner Liebe zu stillen. Und als würde ihm das noch nicht genügen, macht er sich zum Hungernden, zum Nackten, zum Heimatlosen, damit wir die Möglichkeit haben, seinen Hunger nach unserer Liebe zu stillen. Denn dazu sind wir geschaffen: zu lieben und geliebt zu werden.

27 Wo wird euch die Freude der Liebe zuteil? In der Eucharistie, in der heiligen Kommunion. Jesus hat sich zum Brot des Lebens gemacht, um uns das Leben zu geben. Bei Tag und bei Nacht ist er da. Wenn ihr wirklich in der Liebe wachsen wollt, dann geht zur Eucharistie, haltet Anbetung. In unserer Kongregation hielten wir früher wöchentlich eine Stunde Anbetung;

1973 beschlossen wir, jeden Tag eine Stunde Anbetung zu halten. Wir haben viel Arbeit. Unsere Häuser für die Armen, Kranken und Sterbenden sind überall voll. Seit wir jeden Tag Anbetung halten, ist unsere Liebe zu Jesus inniger geworden, unsere Liebe füreinander verständnisvoller, unsere Liebe zu den Armen mitfühlender, und die Zahl der Berufungen hat sich verdoppelt.

28 Betrachtet Jesus im Tabernakel. Versteht ihr, was diese Liebe uns heute bedeutet? Ist unser Herz so rein, dass wir dort Jesus erkennen? Jesus hat sich zum Brot des Lebens gemacht, damit wir ihn leichter erkennen können, damit wir das Leben empfangen, ein Leben im Frieden und in der Freude. Findet ihr Jesus, findet ihr den Frieden.

29 Jeder Augenblick des Gebets, besonders vor unserem Herrn im Tabernakel, ist immer ein Gewinn. Die Zeit, die wir mit diesem täglichen Gespräch mit Gott verbringen, ist der kostbarste Teil des ganzen Tages.

30 Um heilig zu werden, brauchen wir die Demut und das Gebet. Jesus lehrte uns beten und sagte uns, wir sollten von ihm lernen, gütig und von Herzen demütig zu sein. Beides können wir erst dann, wenn wir wissen, was Schweigen ist. Sowohl in der Demut als auch im Gebet kommen wir voran, wenn die Gedanken und die Zunge schweigen, wenn man in der Stille mit Gott lebt, denn in der Stille des Herzens spricht Gott.

Juli

1 Unsere Berufung besteht darin, Jesus zu gehören, aus tiefer Überzeugung ihm zu gehören. Wir sind nicht dazu berufen, für die Armen da zu sein oder ein kontemplatives Leben zu führen, sondern darin besteht unsere Berufung, ihm zu gehören. Wir müssen überzeugt sein, dass uns nichts von seiner Liebe trennen kann. Diese Überzeugung macht aus euch kontemplative Menschen. Sie drückt sich aus in den Gelübden: in der Keuschheit, in der Freiheit der Armut, in der Ganzhingabe im Gehorsam und – das gilt besonders für die *Kontemplativen Brüder* – in eurem freien, ungeteilten Dienst an den geistlich Ärmsten unter den Armen, denen ihr mit ganzem Herzen das Wort Gottes verkündet.

2 Die Ordensleute, die Priester, ja selbst der Papst haben im Grunde dieselbe Berufung: Jesus zu gehören. Ich habe dich zu meinem Eigentum erwählt, sagt Jesus. Das ist unsere Berufung. Nur die Art und Weise, wie wir jeweils diese Berufung verwirklichen, ist verschieden. So ist auch unsere tätige Liebe für Jesus nur ein „Mittel“, sie ist sozusagen unser Kleid. Es ist nicht wichtig, ob der eine dieses Gewand trägt, der andere jenes – das ist nur ein Mittel, dessen wir uns bedienen. Die Berufung hat für den Christen nur einen Namen: Jesus.

3 Unsere Brüder und Schwestern vom aktiven Leben setzen ihren Dienst in konkretes Tun um, die kontemplativen Brüder und Schwestern setzen die tätige Liebe um in Gebet, Buße, Anbetung, Beschauung und Verkündigung des Wortes, das sie betrachtet und angebetet haben. Das aktive und das kontemplative Leben sind nicht voneinander zu trennen. Hier wird der Glaube umgesetzt in konkretes Tun durch den Dienst, dort durch das Gebet.

4 Der Glaube wird lebendig durch das Gebet oder den konkreten Dienst – es ist das gleiche, die gleiche Liebe, die gleiche mitfühlende Zuwendung. Wir alle müssen diesen Glauben verkünden, die aktiven wie die kontemplativen Brüder und Schwestern. Es sollte uns Mut und Kraft geben, dass wir einander ergänzen. Wir Menschen brauchen diese Unterscheidungen und die unterschiedlichen Bezeichnungen. Aber für die Seele, den Verstand und das Herz geht es unabhängig vom Lebensstil nur um eines: ganz Gott zu gehören. Von dem Augenblick an, in dem wir uns ganz Gott geschenkt haben und ihm zur Verfügung stehen, gibt es keine Unterschiede mehr.

5 Die *Missionarinnen der Nächstenliebe* und die *Kontemplativen Brüder* sind vom selben Geist beseelt: Sie verbreiten die Liebe Gottes. Wir Schwestern bringen den Menschen die Liebe Gottes durch unseren konkreten Dienst. Ihr Brüder bringt Gottes Liebe durch die Evangelisierung. Wir alle aber bringen seine Liebe, wir alle sind Missionare. Ob wir nun Christus durch Taten

oder mit Worten verkünden: Es ist ein- und dieselbe Sendung, eine Mission der Liebe und der Barmherzigkeit. Der Einfachheit halber tragen wir verschiedene Namen, doch das hat nur äußere Gründe. In Wahrheit arbeiten wir für das gleiche Ziel: die Verkündigung des Gottesreiches.

6 Brüder, bemüht euch von Anfang an, im Gebet, bei der Anbetung und der Betrachtung auf die Stimme Gottes zu hören. Wenn ihr auf die Straße geht, könnt ihr vielleicht nichts sagen; aber vielleicht seht ihr jemanden an der Straßenecke stehen; geht zu ihm hin. Es kann sein, dass er unwirsch reagiert, aber ihr seid einfach da. Und auch der, der in euch ist, ist zugegen. Es ist eine ganz besondere Gegenwart. Ihr müsst sie ausstrahlen durch die Liebe und den Respekt, mit dem ihr euch diesem Menschen zuwendet. Warum? Weil ihr glaubt, dass es Jesus ist. Es ist Jesus, der nicht imstande ist, euch zu empfangen. Deshalb müsst ihr herausfinden, wie ihr zu ihm kommen könnt. Er verbirgt sich in der Gestalt dieses Menschen. Darauf bezieht sich unser viertes Gelübde. Wir sind durch dasselbe Gelübde gebunden. Wir alle möchten den Hunger der Menschen stillen, nur dass wir Schwestern diesen Hunger mehr von der materiellen Seite her sehen, während ihr Brüder mehr den geistlichen Hunger, die geistliche Nacktheit und die innere Heimatlosigkeit in den Blick nehmt. Glaubt mir, Brüder, ich halte es für wesentlich schwieriger, mit Leuten zu arbeiten, die im Herzen verbittert, verängstigt sind, die nicht erwünscht und nicht geliebt sind und um die sich niemand kümmert.

7 Das Wesentliche muss für die Brüder und die Schwestern gleich sein: Wir haben den gleichen Geist völliger Hingabe, das gleiche Bemühen, den Durst Jesu zu stillen, die gleiche Verkündigung, die gleiche Armut und Reinheit. Die vier Gelübde dürfen sich nicht unterscheiden. Was ihr tut, Brüder, eure Liebe zu Christus, eure Gegenwart und die Verkündigung des Wortes Gottes, das setzen wir in konkretes Handeln um. Es ist das gleiche. Ihr müsst durch das Wort seine Gegenwart in der Welt sein, wir durch das Tun.

8 Wir müssen von Anfang an lernen, auf die Stimme Gottes in unserem Herzen zu hören. Denn in der Stille des Herzens spricht Gott. Wovon unser Herz voll ist, davon müssen wir dann sprechen. Das ist die logische Konsequenz. Im Schweigen des Herzens spricht Gott. Hört ihm zu. Wenn euer Herz voll ist von Gott, von Liebe, von Mitgefühl und Glaube, wird euer Mund davon sprechen. Das kennzeichnet einen *Kontemplativen Bruder*. Hört auf Gott im Schweigen, denn wenn euer Herz von anderen Dingen voll ist, könnt ihr nicht die Stimme Gottes hören. Aber wenn ihr in der Stille des Herzens auf die Stimme Gottes gehört habt, ist euer Herz voll von Gott, wie Maria voll der Gnade war. Aus der Fülle des Herzens heraus wird dann der Mund sprechen.

9 Wenn ihr schreibt, wird die Fülle eures Herzens auch die Hand erreichen. Euer Herz spricht dann durch das, was ihr schreibt. Euer Herz kann auch durch eure Augen sprechen. Wie ihr wisst, sollen die Leute,

die ihr anschaut, in euch Gott sehen können. Wenn ihr euch verwirren lasst und euch der Welt angleicht, können die Menschen Gott nicht mehr finden. Die Fülle unseres Herzens wird in unseren Augen sichtbar, in der Art, wie wir die Menschen berühren, in dem, was wir schreiben und sagen, in der Art, wie wir gehen, wie wir jemanden empfangen, wie wir geben. Die Fülle unseres Herzens drückt sich auf vielfältige Weise aus.

10 Es genügt nicht, dass man sich zusammentut, um eine Bruderschaft zu werden. Das wäre zu wenig. Wichtig ist, dass wir Jesus die Möglichkeit geben, sein Leben der Liebe, des Gebets und der Einheit mit dem Vater zu leben. Gott spricht in der Stille des Herzens, und wir hören zu. Dann sprechen wir aus der Fülle des Herzens zu Gott, und Gott hört zu. Dieses Zuhören und Sprechen das ist das Gebet, dieses Einssein mit Gott, mit Jesus.

11 Da ihr kontemplative Menschen seid, muss euer Mund ganz rein sein, um immer die Worte Gottes sagen zu können, so wie wir, die wir ein aktives Leben führen, reine Hände haben müssen, wenn wir den Leib Christi berühren. Das ist entscheidend für unser Leben. Das muss das Leben unseres Lebens sein. Sonst könnten wir viele Worte machen, vieles auswendig lernen, alles mögliche Wissen haben, die ganze Theologie und alles über Gott kennen, und doch wären wir nicht imstande, das Feuer in den Herzen der Menschen zu entzünden. Wir würden bloß Worte machen, ohne sie zu leben. Denn unsere Worte müssen die

Frucht unseres Lebens sein, unseres Betens, unserer Buße und unserer Anbetung.

12 Ich kenne einen Priester, der zu den besten Theologen Indiens gezählt wird. Ich sagte zu ihm: „Vater, Sie sprechen den ganzen Tag über Gott. Wie nahe müssen Sie ihm sein!" Er antwortete mir: „Es mag sein, dass ich viel über Gott spreche, aber vielleicht spreche ich zu wenig mit ihm." Und er erklärte mir: „Ich könnte viele Worte machen und vielleicht auch manch gute Dinge sagen, aber um Gott zu verstehen, muss ich mir die Zeit nehmen, ihm tief in meinem Innern zuzuhören. Denn in der Stille des Herzens spricht Gott."

13 Es ist wichtig, dass wir von Anfang an einfach das Evangelium leben: beim Beten und Sprechen. Lasst euch nicht entmutigen, wenn ihr nicht gleich den Gipfel erreicht. Es gibt keinen Grund, deswegen ungeduldig zu werden oder den Mut zu verlieren. Moment für Moment ist immer nur eine Sache wichtig. Vielleicht erscheint euch das, was ihr gerade tut, sehr unbedeutend im Vergleich zu dem, was die Leute von euch erwarten. Aber wenn diese unscheinbaren Dinge, ein Gebet etwa oder eine Bußübung, in eurem Leben fehlen, wenn euer Herz nicht davon genährt wird, dann macht ihr den Menschen etwas vor. Ihr könnt nicht geben, was ihr nicht habt.

14 Die Fülle des Herzens zeigt sich im Tun: in der Art und Weise, wie ich einen Leprakranken, einen Sterbenden, einen Obdachlosen behandle. Manchmal ist es schwieriger, mit den Leuten auf der Straße umzugehen als mit den Sterbenden in unseren Häusern. Die Sterbenden erwarten in Frieden die Begegnung mit Gott; sie sind bereit, zu ihm zu gehen. Wenn du die Kranken oder die Leprakranken berührst, fällt es nicht schwer zu glauben, dass es der Leib Christi ist. Wenn Leute betrunken sind oder schreien, ist es sehr viel schwieriger, daran zu denken, dass sich in ihnen Jesus verbirgt. Wir brauchen reine, liebende Hände, um diesen Menschen unsere mitfühlende Zuwendung schenken zu können.

15 Im Westen gibt es weit mehr geistliche als materielle Armut. Unter den Reichen gibt es viele, die spirituell ganz arm sind. Mir fällt es nicht schwer, einem Hungernden einen Teller Reis zu geben, oder jemandem, der kein Bett hat, eine Matratze zu besorgen. Aber einen verbitterten Menschen zu trösten und ihm seine Bitterkeit zu nehmen, einen Zornigen vom Zorn zu befreien, einen Einsamen aus der Einsamkeit herauszuholen, das erfordert viel Zeit.

16 Jesus hat sich zum Brot des Lebens gemacht, um meinen Hunger nach ihm zu stillen. Er hat sich zum Hungrigen gemacht, damit ich seine Liebe zu mir erwidern kann. Er hat Hunger nach uns, wie wir nach ihm. Bei euch, *Kontemplative Brüder*, muss das Wort zuerst in eurem Leben Fleisch werden und unter

euch sein in der Liebe, der Einheit, im Frieden und in der Freude; dann könnt ihr es auch dem geistlich Ärmsten geben, dem Einsamen, der betrunken am Straßenrand sitzt.

17 Als *Kontemplative Brüder* seid ihr in besonderer Weise dazu auserwählt, im Klima von Nazaret zu leben. Jesus hat euch gerufen, damit ihr an das Wort seines Vaters glaubt. In diesem Wort ist Leben. Dieses Leben, das Jesus ist, gebt ihr jedem, dem ihr begegnet, angefangen in eurer eigenen Gemeinschaft. Denn die Liebe beginnt zu Hause. Wie? Durch das gemeinsame Beten.

18 Ihr müsst eine Familie sein, ihr müsst füreinander Christus sein. Liebt einander mit dem Feingefühl, mit dem Jesus jeden von euch liebt. Darin besteht die Heiligkeit der *Kontemplativen Brüder.* Einander von Herzen zu lieben sagt mehr als alle Worte. Liebt, bis es wehtut. Es verlangt große Opfer, das Wort Gottes zu verkünden. Verletzt niemals jemanden mit dem Wort Gottes, das in unserem Leben heilig ist. Lebt, was ihr sagt. Ein jüngerer Bruder, der dazukommt, lernt durch das, was er sieht, nicht so sehr durch das, was er hört. Heutzutage wollen die jungen Leute nicht hören, sie wollen sehen.

19 Brüder, ihr habt in besonderer Weise das Wort Gottes gewählt. Wie rein muss euer Herz sein, damit ihr aus der Fülle eueres Herzen sprechen könnt! Bevor ihr redet, müsst ihr zuhören, denn Gott spricht

in der Stille eures Herzens. Wenn ihr dann aus der Fülle eures Herzens sprecht, dann hört euch Gott zu.

20 Was ihr als kontemplative Brüder der Welt geben müsst, ist eure Gegenwart. Durch euer Dasein soll Christus sichtbar werden und sein Licht leuchten. Die Leute, die auf euch schauen, dürfen nur Jesus sehen. Versucht nicht, etwas anderes zu sein. Ihr müsst euch der Aufgabe stellen, die Jesus euch anvertraut: Er hat das Licht gebracht, nehmt es auf und erleuchtet die Herzen aller Menschen, denen ihr begegnet. Ihr werdet nicht mit großen Gruppen oder Menschenmengen zusammenkommen, aber dort, wo ihr seid, auf der Straße, in den Krankenhäusern oder Gefängnissen, überall, wo Menschen das Licht fehlt, müsst ihr es bringen.

21 In Gott gibt es eine große Demut. Er kann sich herablassen zu Menschen wie uns. Er macht es von uns abhängig, ob etwas Leben wird, wächst und Frucht bringt. Er hätte ja wirken können auch ohne uns. Aber er hat sich herabgelassen zu jedem einzelnen von uns, um uns zusammenzuführen in dieser Bruderschaft. Wenn ihr nein gesagt hättet, hätte er sie nicht gründen können. Hätten wir nein gesagt, hätte Gott geduldig gewartet, bis jemand ja sagt. Das alles lässt mich verstehen, dass Jesus mit seinem Wort: „Lernt von mir; denn ich bin gütig und von Herzen demütig" (Mt 11,29) auch sagen wollte: Lernt verstehen, dass die Berufung ein Geschenk ist, das von Gott selbst kommt.

22 Das ist Gottes Wille für uns: unsere Heiligung (vgl. 1 Thess 4,3). Die Heiligkeit ist das größte Geschenk, das Gott uns machen kann, denn dazu hat er uns geschaffen. Und dafür seid ihr *Kontemplative Brüder* geworden. Ihr seid nicht hierher gekommen, um euch die Zeit zu vertreiben – auch nicht mit Gebeten. Ihr seid hierher gekommen, um seine Liebe und Zuwendung weiterzugeben. Ihr seid hierher gesandt worden.

23 Die Aufgabe, die Gott uns gegeben hat, der Plan, den Gott für euch und für mich hat, besteht darin, kontemplative Menschen zu sein. Wir müssen den Menschen nützlich sein, indem wir ihnen das Wort Gottes verkünden und ihnen die Liebe des Wortes Gottes bringen. Euer Herz muss rein sein, denn aus der Fülle des Herzens muss die Verkündigung kommen!

24 Kontemplativ sein, heißt das Leben Jesu leben, dass Jesus in uns lebt, und wir in ihm. Um Gott schauen zu können, brauchen wir ein reines Herz, das frei ist von Eifersucht, Zorn, Streit und besonders von Lieblosigkeit. Für mich heißt Kontemplation nicht Abgeschiedenheit an einem stillen Ort, sondern Jesus die Möglichkeit geben, dass er in uns leben kann – in seinem Leid, mit seiner Liebe und Demut, indem er mit uns betet, immer bei uns bleibt und durch uns Menschen zur Heiligkeit führt.

25 Liebt, seid wahrhaft kontemplative Menschen mitten in der Welt. Was immer ihr tut, und sei es jemandem zu helfen, die Straße zu überqueren, tut es Jesus. Wenn ihr einem Durstigen ein Glas Wasser reicht, gebt es Jesus. Das ist eine kleine, einfache Lehre, aber richtig betrachtet ist es die wichtigste.

26 Das Wort Gottes verkündigen, das Wort Gottes für die Menschen sein: Das ist eure Berufung als *Kontemplative Brüder*. Aber ihr könnt das Wort Gottes nicht verkünden, solange ihr nicht das Wort lebt und betet. Um geben zu können, muss man haben. Deshalb bleibt heilig, damit ihr versteht, was Jesus will: Er möchte in euch wohnen und durch euch wirken.

27 Die Welt hungert heute nicht nur nach Brot, sondern auch nach Liebe. Die Menschen hungern danach, angenommen und geliebt zu werden. Sie hungern danach, die Gegenwart Christi zu spüren. In vielen Ländern haben die Leute alles außer dieser Gegenwart; sie haben keinen Zugang dazu. Durch unser Gebetsleben und Opfer können wir ihnen die Liebe Christi bringen. Ihr seid kontemplative Menschen, um diese Gegenwart zu sein, das Brot Gottes, das gebrochen wird.

28 Die Menschen hungern nach dem Wort Gottes, das Frieden, Einheit und Freude schenkt. Aber ihr könnt nicht geben, was ihr nicht habt. Deshalb ist es notwendig, das Gebetsleben zu vertiefen. Lasst euch von Jesus ergreifen, lasst ihn mit euch und durch euch

beten. Dann werdet ihr wahrhaft kontemplative Menschen mitten in der Welt sein.

29 Gott hat die Welt so sehr geliebt, dass er Jesus gesandt hat. Heute liebt er sie so sehr, dass er euch und mich sendet, den Menschen seine mitfühlende Liebe zu bringen. Wir sollen seine Gegenwart sein in einem Leben des Gebets, des Opfers, der Hingabe. Von euch, Brüder, erwartet Gott als Antwort insbesondere ein kontemplatives Leben. Eigentlich ist jeder Christ, der mit Jesus in der Eucharistie vereint lebt, ein kontemplativer Mensch.

30 Wir haben im südlichen Teil der Bronx in New York ein Haus von kontemplativen Schwestern. Die Schwestern wussten nicht, dass ich kam, so dass ich ein Taxi nehmen musste. Als der Taxifahrer sich weigerte, mich dorthin zu bringen, sagte ich zu ihm: „Aber wir wohnen da. Unsere Schwestern wohnen da." Er winkte ab. Dann sagte ich ihm: „Ich setze mich jetzt neben Sie, und Sie werden sehen, dass weder Ihnen noch mir etwas zustößt." Ich stieg ins Taxi, und wir fuhren los. Sehr überrascht sah er, wie die Schwestern mich freudig begrüßten und die Leute winkten. Auch ein paar Betrunkene erkannten mich, sprachen mich an und nahmen den Hut ab … Er konnte es nicht fassen, er konnte diese Präsenz nicht einordnen.

31 Ich erinnere mich, wie die kontemplativen Schwestern zum ersten Mal in einen Park in New York gingen. Sie waren weiß gekleidet und beteten den Rosenkranz. Als ein Mann sie erblickte, begann er zu rufen: „Ich bin nicht bereit, ich bin noch nicht bereit!“ Die Schwestern gingen zu ihm und sagten: „Wir sind Schwestern. Gott liebt dich.“ Er wiederholte: „Ich bin nicht bereit! Ihr seid Engel, ihr seid vom Himmel gekommen, um mich zu holen. Und ich bin noch nicht bereit.“ Er dachte, Engel wären gekommen, um ihn zu holen. Das zeigt euch, was die Menschen von uns erwarten.

August

1 Da Jesus uns so sehr liebte, nahm er das Kreuz auf sich. Die Sünde hat dies verursacht, unsere Sünde und die Sünden der Welt. So ist es noch immer. Wären wir so rein wie Engel und so aufrichtig wie Heilige, dann wären die *Missionarinnen der Nächstenliebe* überflüssig. Gott wird von den Menschen, die er zur höchsten Würde der Gotteskindschaft erhoben hat, nicht so geliebt und geehrt, wie er sollte. Gott sucht Menschen, die sich in die Kluft, die zwischen ihm und uns liegt, hineinstellen, vor ihn hintreten und ihn im Namen des Menschengeschlechts bitten, es zu verschonen. Wir *Missionarinnen der Nächstenliebe* möchten diesen Platz einnehmen; deshalb freuen wir uns über das, was wir von Natur aus ablehnen würden. Wir tun alles, was in unseren Kräften steht, damit Gott die Undankbarkeit der Menschen seiner grenzenlosen Liebe gegenüber vergisst und an sein Erbarmen denkt. Jesus hängt vor uns am Kreuz und schreit: „Mich dürstet" (Joh 19,28). Wir wollen seinen Durst stillen; dafür tun wir *Missionarinnen der Nächstenliebe* auch Dinge, die der Welt als Torheit erscheinen. Wir dürfen uns glücklich schätzen, wenn wir ein wenig an der Kreuzesnachfolge teilhaben.

2 Seht, welches Mitleid Christus mit Judas hat, mit dem Mann, der so viel Liebe erhalten und doch seinen eigenen Meister verraten hat. Jesus hat das heilige Schweigen gewahrt und ihn nicht seinen Gefährten verraten. Er hätte ja auch in der Öffentlichkeit von Judas sprechen und seine verborgenen Pläne offenlegen können. Er tat es nicht. Vielmehr zeigte er Erbarmen und Liebe; statt ihn zu verurteilen, nannte er ihn einen Freund. Wenn Judas Jesus in die Augen geschaut hätte wie Petrus, dann wäre Judas heute ein Freund Gottes. Denn Jesus hatte immer Mitleid.

3 Jesus ist das Licht.
Jesus ist die Wahrheit.
Jesus ist das Leben.
Auch wir müssen das Licht der Liebe,
die Wahrheit der Demut, gelebte Heiligkeit sein.

4 Unsere Werke der Liebe sind nichts anderes als Werke des Friedens. Wir wollen sie mit größerer Liebe und mehr Einsatz tun, jeder in seiner alltäglichen Arbeit; zu Hause, in der Nachbarschaft, überall ist es derselbe Christus, der sagt:
Ich war hungrig – nicht nur nach Nahrung, sondern auch nach Frieden, der aus einem reinen Herzen kommt.
Ich war durstig – nicht nach Wasser, sondern nach Frieden, der den Kriegsdurst stillt.
Ich war nackt – es fehlte mir nicht an Kleidung, aber ich kannte nicht die wunderbare Würde der Männer und Frauen und hatte keine Achtung vor ihrem Leib.

Ich war heimatlos – ich hatte zwar ein Obdach aus Stein, aber mir fehlte ein Herz, das versteht, das zudeckt und liebt.

5 Die Liebe ist nur echt, wenn sie wehtut. Gott hat die Welt so sehr geliebt, dass er seinen Sohn hingab. Sein Sohn hat die Welt so sehr geliebt, dass er sein Leben hingab. Jesus sagte (vgl. Joh 15,9): Wie der Vater mich geliebt hat (indem er mich der Welt geschenkt hat), so habe ich euch geliebt (indem ich mein Leben für euch hingegeben habe). Liebt, wie ich euch geliebt habe (indem ihr euch selbst hingebt). Diese Hingabe kommt zum Ausdruck im Gebet, im Opfer der Keuschheit, der Armut und des Gehorsams sowie in einem freiwilligen Dienen mit ganzem Herzen.

6 Wir müssen lieben, bis es wehtut. Es genügt nicht zu sagen: Ich liebe. Die Liebe muss lebendige Tat werden. Wie? Dadurch, dass man gibt, bis es schmerzt. Vor einiger Zeit hatten wir in unserem Kinderheim keinen Zucker mehr. Ein vierjähriger Junge hörte davon, ging nach Hause und sagte seinen Eltern: „Ich will drei Tage lang keinen Zucker essen. Ich gebe ihn der Mutter Teresa." Nach drei Tagen brachten die Eltern ihn zu uns. Er konnte kaum meinen Namen aussprechen, doch er hat mich gelehrt, wie man große Liebe hat. Es kommt nicht darauf an, wie viel man gibt, sondern dass man mit Liebe gibt. Der kleine Junge gab, bis es wehtat.

7 Vor einigen Wochen bekam ich einen Brief von einem Mädchen aus den Vereinigten Staaten. Sie ging zur ersten heiligen Kommunion und bat ihre Eltern: „Kauft keine besonderen Kleider für meine Erstkommunion. Ich werde in meiner Schuluniform zur Erstkommunion gehen. Macht kein Fest für mich. Gebt mir lieber das Geld; ich möchte es Mutter Teresa schicken." Dieses Mädchen war erst sieben oder acht Jahre alt, doch liebte es von Herzen, bis es wehtat.

8 „Was ihr für einen meiner geringsten Brüder getan habt, das habt ihr mir getan" (Mt 25,40). „Das ist mein Gebot: Liebt einander!" (Joh 15,12). Wenn dieses Gebot nicht verwirklicht wird, geht das große Werk der Kirche Christi zugrunde. Denn Jesus kam auf die Welt, um der Liebe im Herzen der Menschen den rechten Platz zu geben. Er sagte: „Daran werden alle erkennen, dass ihr meine Jünger seid: wenn ihr einander liebt" (Joh 13,35). Dieses Gebot bleibt in alle Ewigkeit bestehen. Wahre Liebe zu unserem Nächsten bedeutet, ihm Gutes zu wünschen und Gutes zu tun.

9 Höre, wie Jesus, der mit dir ist, zu dir spricht: Ich möchte, dass du mein Feuer der Liebe unter den Armen, Kranken, Sterbenden und Kindern bist; ich möchte, dass du die Armen zu mir bringst. Lerne diesen Satz auswendig; wenn es dir an Großzügigkeit fehlt, dann wiederhole ihn. Wie einen Menschen können wir auch Christus abweisen: Ich gebe dir nicht meine Hände zum Arbeiten; ich gebe dir nicht meine Füße zum Gehen; ich gebe dir nicht meinen Kopf zum Stu-

dieren und nicht mein Herz zum Lieben. Du klopfst an der Tür, aber ich gebe dir nicht den Schlüssel zu meinem Herzen. Es ist ein bitterer Schmerz für Jesus, wenn er in einem Menschen nicht leben kann.

10 Vor einigen Wochen fand ich ein hungerndes Kind auf der Straße. Wer weiß, wie viele Tage es nichts gegessen hatte. Ich gab ihm ein Stück Brot; das Kind nahm es und begann eine Krume nach der anderen zu essen. Ich sagte ihm: „Nimm nur, iss das Brot!" Das Kind schaute mich an und sagte: „Ich habe Angst. Wenn ich das Brot aufgegessen habe, bekomme ich wieder Hunger." Der Schmerz des Hungers ist etwas Schreckliches. Dieses Kind hat ihn schon erfahren. Ihr wisst vielleicht nicht, was Hunger ist und werdet es nie wissen. Aber denkt daran, die Freude des Liebens mit anderen zu teilen, indem ihr gebt, bis es wehtut.

11 Wenn ein Junge das Feld des Vaters verlässt und auf einem anderen Acker arbeitet, ist er nicht mehr Mitarbeiter seines Vaters. Mitarbeiter sein heißt, mit jemandem zusammenzuarbeiten, miteinander Müdigkeit, Demütigungen und Schande zu teilen, nicht nur Erfolg. Diejenigen, die alles miteinander teilen, sind Partner. Sie antworten mit Liebe auf die Liebe des anderen; sie leiden, wenn der andere leidet.
Jesus, du bist gestorben; du hast alles gegeben: dein Leben, dein Blut, alles. Jetzt bin ich an der Reihe. Ich stelle dir alles zur Verfügung.
Der gemeine Soldat kämpft in den hinteren Reihen; der treueste aber möchte nah beim Hauptmann sein, um

sein Schicksal zu teilen. Darauf allein kommt es an; das ist wahres Leben im Geist Christi.

12 Wir müssen mit großem Glauben arbeiten, stetig und wirkungsvoll, vor allem aber mit großer Liebe und Freude. Sonst würde unsere Arbeit wie die der Sklaven sein, die einem unerbittlichen Herrn dienen.

13 Die Größe unserer Berufung besteht darin, in den Armen und Leidenden Christus selbst zu dienen. Er begegnet uns in den Armen, ist verborgen in ihrem Leid. Wir sind berufen, jeden Tag einen priesterlichen Dienst zu versehen. Er besteht darin, in der Gestalt der leidenden Menschheit den Leib Christi zu berühren und allen, mit denen wir zusammenkommen, die Kommunion zu reichen, indem wir seine Liebe überall verbreiten.

14 Ein echtes inneres Leben erfüllt das Tun mit Liebe und setzt dafür alle Kräfte ein. Es lässt uns Jesus finden in den elenden Hütten der Slums, in der erbärmlichen Not der Armen. Dort begegnen wir dem nackten Gott-Menschen, der traurig und von allen verachtet am Kreuz hängt, dem Mann der Schmerzen, zertreten wie ein Wurm, gegeißelt und gekreuzigt. Das innere Leben hilft uns, in den Armen Jesus zu dienen.

15 Ich möchte in dieser Welt leben, die sich von Gott so weit entfernt und sich vom Licht Jesu abgewandt hat. Ich möchte unseren Armen helfen und

etwas von ihrem Leid auf mich nehmen. Denn nur, wenn wir eins sind mit ihnen, können wir sie erlösen, indem wir Gott in ihr Leben und sie zu Gott bringen.

16 Ich weiß, dass ihr die Armen liebt – sonst wärt ihr nicht hier. Aber jeder einzelne von uns soll sich bemühen, dass seine Liebe freundlicher, nachsichtiger und froher wird, damit wir mit den Augen des Glaubens im Antlitz der Armen noch klarer das Antlitz Christi erkennen.

17 Die Liebe für die Armen ist wie eine lebendige Flamme. Je trockener das Brennholz ist, desto heller brennt es. Wenn unser Herz frei ist von irdischen Beweggründen und ganz eins mit dem Willen Gottes, werden wir frei von allem Unnützen unseren Dienst tun, wie es der Gehorsam verlangt.

18 Haltet immer die Liebe zu den Ärmsten der Armen lebendig. Betrachtet es nicht als Zeitverschwendung, die Hungernden zu speisen, die Kranken und Sterbenden zu besuchen und für sie da zu sein, den Ausgestoßenen und Heimatlosen die Tür zu öffnen und sie zu empfangen. Das ist unsere konkrete Liebe zu Christus. Je niedriger die Arbeit, desto größer sollten unsere Liebe und unser Einsatz sein. Fürchtet euch nicht vor den Opfern, die das Leben der Armut mit sich bringt.

19 Wir alle sehnen uns nach dem Himmel, wo Gott ist. Doch wir können schon jetzt mit ihm im Himmel sein; wir können in diesem Augenblick mit ihm glücklich sein. Jetzt mit ihm glücklich sein heißt lieben, wie er liebt, helfen, wie er hilft, geben, wie er gibt, dienen, wie er dient, befreien, wie er befreit, vierundzwanzig Stunden am Tag bei ihm sein.

20 Ohne das Leid wäre unsere Arbeit ein soziales Engagement, gut und nützlich, aber nicht das Werk Jesu Christi, nicht Teil der Erlösung. Jesus wollte uns helfen, indem er unser Leben teilte, unsere Einsamkeit, unsere Agonie und unseren Tod. All das hat er auf sich genommen und in die dunkelste Nacht getragen. Dadurch, dass er mit uns eins war, hat er uns erlöst. Wir dürfen dasselbe tun. Die ganze Trostlosigkeit der Armen, nicht nur ihre materielle Armut, sondern auch ihre bittere geistliche Not, bedürfen der Erlösung, und wir können daran teilhaben.

21 Christus hatte mit lärmenden, dicht gedrängten Volksmassen zu tun, deren überschwängliche Begeisterung auch lästig werden konnte. Sie dachten nicht darüber nach, was er wohl nötig hätte. Die Menschen seiner Umgebung vergaßen manchmal sogar, dass er unter ihnen war. Und doch hatte er Nachsicht mit ihnen. So sehr sie ihn auch beleidigten, er hatte immer Mitleid mit ihnen. Er schämte sich nicht, mit Sündern zusammen zu sein, er überging sie nicht. Wenn sie wollten, war er für sie da wie für jeden anderen, gleich, was es ihn kostete. „Ich bin gekommen, um die Sünder

zur Umkehr zu rufen, nicht die Gerechten“ (Lk 5,32). Wir *Missionarinnen der Nächstenliebe* sind glücklich zu nennen, dass wir dazu berufen sind, Jesus in seiner grenzenlosen Liebe zu den Armen und Einsamen nachzufolgen. Wie Christus haben wir es mit vielen Menschen zu tun. Wir sind berufen, seine Mitarbeiter in den Slums zu sein. Wir müssen ihm die Möglichkeit geben, in uns zu leben und sein Leben auszustrahlen durch uns in den Vierteln der Armen.

22 Jeder von uns soll Jesus erkennen in der Person eines Armen. Je abstoßender eine Arbeit oder die Leute sind, desto größer müssen unser Glaube, unsere Liebe und unsere freudige Hingabe im Dienst an unserem Herrn sein, der sich hinter dem Elend und Leid verbirgt.

23 Je mehr wir mit Gott vereint sind, desto mehr wachsen unsere Liebe und die Bereitschaft zum ungeteilten Dienst an den Armen. Viel hängt von dieser innigen Einheit ab. Die Liebe Gottes, des Vaters, für seinen Sohn und die Liebe des Sohnes für den Vater bringt Gott, den Heiligen Geist, hervor. So sollte die Liebe Gottes zu uns und unsere Liebe zu Gott den freien, ungeteilten Dienst für die Armen hervorbringen.

24 Jesus sagt: Was ihr einem der geringsten meiner Brüder tut, das tut ihr mir. Wenn ihr ein Kind aufnehmt, dann nehmt ihr mich auf. Wenn ihr ihm ein Glas Wasser reicht, dann reicht ihr es mir. Um sicher zu gehen, dass wir dies verstehen, sagte er, dass wir in der

Stunde unseres Todes nur danach gerichtet werden: Ich war hungrig, und du hast mir zu essen gegeben. Ich war nackt, und du hast mich bekleidet. Ich war obdachlos, und du hast mich aufgenommen (vgl. Mt 25,40).
Hunger ist nicht nur Hunger nach Brot; es gibt auch Hunger nach Liebe.
Nacktheit ist nicht nur das Fehlen von Kleidung, sie ist auch Mangel an menschlicher Würde und an der wunderbaren Tugend der Reinheit, der Mangel an gegenseitigem Respekt.
Obdachlosigkeit meint nicht nur das Fehlen eines Hauses aus Steinen, sie bedeutet auch, abgelehnt, ausgestoßen und nicht geliebt zu sein.

25 Papst Paul VI. sagte, Berufung sei die Fähigkeit, den Hilferufen der Menschen Beachtung zu schenken, den Stimmen derer, die unschuldig leiden, die ohne Trost, Führung und Liebe sind.
Diese Forderung wird erfüllt durch unser Gelübde freien, ungeteilten Dienstes an den Armen. Wie Christus umherzog und Gutes tat, Kranke heilte, Dämonen austrieb und das Reich Gottes verkündete, so suchen auch wir unermüdlich Arme, Verlassene, Kranke, Schwache und Sterbende auf, in Städten und Dörfern, selbst auf Müllhalden. Wir sorgen uns um diese Menschen, helfen ihnen, besuchen sie, verkünden ihnen die Botschaft Christi und tun unser Bestes, um sie zu Gott zu bringen.

26 Wir leben die Armut – nicht, weil wir dazu gezwungen wären, sondern weil wir uns aus Liebe zu Jesus dafür entschieden haben. Denn er, der reich war, wurde arm aus Liebe zu uns. Täuschen wir uns nicht selbst.

27 Durch das Gelübde der Armut verzichten wir auf den Besitz und freien Gebrauch irdischer Güter. Die Tugend der Armut überwindet die ungeordnete Anhänglichkeit an die Dinge dieser Welt. Das Gelübde ist das Mittel, die Tugend das Ziel. Der beste Weg, um die wesentlichen Aspekte der Armut zu leben, ist das strikte Befolgen des gemeinschaftlichen Lebens; das heißt, jeder – auch der Obere – sollte sich mit der Nahrung, Kleidung und Ausstattung begnügen, die allen in gleicher Weise zugeteilt wird. Sonderregelungen für Ausgaben, die nicht wirklich notwendig sind, gibt es nicht.

28 Wir müssen alles tun, damit unser Blick rein und frei von den Dingen der Welt bleibt und unser Dienst an den Armen ein einziger Akt der Liebe wird. Dieser reine Blick, diese „Sicht", machte Bruder Damian zum Apostel der Leprakranken und den heiligen Vinzenz von Paul zum Vater der Armen. Wir haben deshalb alles aufgegeben, um den Armen zu dienen.

29 Der Welt erscheint es als Torheit, dass wir uns über ein ärmliches Essen freuen, dass wir rohe, geschmacklose Speisen zu uns nehmen, dass wir nur drei Habite besitzen, die aus grobem Stoff oder alten Soutanen gemacht sind, dass wir sie ausbessern und flicken, dass wir sie sorgfältig pflegen und uns weigern, mehr zu haben, dass wir froh jede Art von Schuhen tragen, gleich welcher Form und Farbe, dass wir uns mit nur einem Eimer Wasser in einem kleinen Bad waschen, dass wir schwitzen, aber keinen Ventilator wollen, dass wir hungrig und durstig umhergehen, aber in den Häusern der Leute kein Essen annehmen, dass wir keine Radios und Plattenspieler haben wollen, die nach der harten, mühsamen Arbeit eines langen Tages unseren angespannten Nerven guttun könnten, dass wir auch bei Regen oder in der glühenden Sommersonne weite Strecken zu Fuß oder mit dem Fahrrad zurücklegen, dass wir mit der Tram oder in überfüllten Zugabteilen reisen, dass wir auf harten Betten schlafen und weiche, dicke Matratzen weggeben, die dem Körper, der wehtut nach der harten Arbeit des Tages, Erholung geben könnten, dass wir auf rauen, dünnen Teppichen in der Kapelle knien und dafür weiche, dicke weggeben, dass wir mit Freude in den Krankensälen der Armen behandelt werden, wo wir doch ohne Schwierigkeit Einzelzimmer haben könnten, dass wir zu Hause und draußen wie die Kulis arbeiten, auch wenn wir Diener einstellen und nur leichte Arbeiten tun könnten, dass wir im *Nirmal Hriday*, dem Haus für die Sterbenden, und im *Shishu Bhavan*, einem Haus für die Neugeborenen, mit Freude die Toiletten putzen und sauber-

machen, als wäre es der schönste Beruf der Welt … All das nennen wir unseren „Tribut an Gott".
In den Augen der Welt vergeuden wir unser kostbares Leben und vergraben unsere Talente. Ja, unser Leben ist völlig vergeudet, wenn wir es nur im Licht der Vernunft sehen. Unser Leben hat keinen Sinn, wenn wir nicht auf Christus in seiner Armut blicken.

30 Unser Herr gibt uns ein lebendiges Beispiel der Armut: Vom ersten Tag seiner irdischen Existenz an wuchs er auf in einer Armut, die kein Mensch jemals so wird erfahren können, denn er war reich und wurde für uns arm (vgl. 2 Kor 8,9). Als seine *Mitarbeiterin*, in seiner Nachfolge, muss ich leben und wachsen in der Armut, die unser Herr von mir verlangt.

31 Die Armut unseres Erlösers ist größer als die der ärmsten Tiere der Welt. „Die Füchse haben ihre Höhlen und die Vögel ihre Nester; der Menschensohn aber hat keinen Ort, wo er sein Haupt hinlegen kann" (Mt 8,20). In der Tat war es so. Er hatte kein eigenes Haus und keine feste Bleibe. Die Samariter vertrieben ihn, so dass er nach einem Obdach suchen musste. Nichts war gesichert, weder die Unterkunft noch das Essen. Was er bekam, waren Almosen, die andere ihm aus Liebe gaben. Dies ist wahrlich große Armut. Wie viel kann man davon lernen, wenn man bedenkt, wer er ist: der Gott-Mensch, der Herr des Himmels und der Erde. Was hätte er nicht alles besitzen können! Gerade dies macht die Würde und Größe seiner Armut aus, dass er freiwillig, aus Liebe zu uns arm war, damit wir

reich würden. Wir sind glücklich zu nennen, dass wir berufen sind, im Kleinen teilzuhaben an der Armut des großen Gottes. Es erfüllt uns mit unsagbarer Freude, dass unser Leben ein so wunderbares Vagabunden-Dasein ist. Wir streifen zwar nicht umher, aber wir verlassen alles wie ein Vagabund. Wir haben nichts zum Leben, und doch leben wir glänzend. Wir haben keinen Boden unter den Füßen, und doch schreiten wir furchtlos voran. Wir haben nichts, auf das wir uns stützen könnten, aber voll Vertrauen stützen wir uns auf Gott; denn wir sind sein Eigen, und er ist unser sorgender Vater.

September

1 Überall gibt es so viel Leid! Seid heilig und voller Eifer. Gott will sich eurer bedienen, um das Leid zu lindern. Um zu zeigen, dass Jesus der erwartete Messias, dass er Gott war, wurde das Evangelium den Armen verkündet. So erweist sich daran, dass wir das Evangelium den Armen predigen, dass unser Werk ein Werk Gottes ist. Betet und dankt Gott, dass er euch zu diesem Leben berufen und für diese Arbeit erwählt hat.

2 Berufung bedeutet heutzutage auch, die schwierige, aber schöne Sendung der Kirche zu verstehen, um die sie sich heute mehr denn je bemüht: dem Menschen seine wahre Natur, seine letzte Bestimmung zu zeigen und dem Gläubigen die großen Reichtümer der Liebe Christi zu offenbaren.

3 Wenn wir der Berufung als *Missionarinnen der Nächstenliebe* folgen, sind wir für die Welt Botschafter des Friedens. Denn wir verkünden die Botschaft gelebter Liebe, einer Liebe, die alle Schranken der Nationalität und Religion überwindet. Der indische Botschafter in Rom sagte, unsere Schwestern hätten durch ihre Liebe in kurzer Zeit mehr zur Annäherung unserer Länder beigetragen als die Politiker.

4 Wir sind Werkzeuge für die Verkündigung des Wortes Gottes an die Armen, die Vernachlässigten, die Besorgten und Einsamen aller Länder. Obschon wir unwürdig sind, hat Gott sich unserer bedient, damit die Welt, die ihn vergessen hat, ihn kennen- und lieben lernt. Uns wurde das Privileg zuteil, zu den Häusern von vielen armen und vergessenen Gläubigen Zugang zu haben. Wir können sie und ihre Kinder in die Kirche einladen und gemeinsam mit ihnen Gott loben und am Herrenmahl teilnehmen. Was das Zweite Vatikanische Konzil anregte, haben wir durch die Gnade Gottes schon vom Augenblick der Gründung unserer Gemeinschaft getan.

5 Erneuern wir unsere Liebe zu den Armen! Dazu werden wir aber nur in der Lage sein, wenn wir der Armut treu bleiben, die wir gelobt und für die wir uns frei entschieden haben.

6 Weil die Armen wegen der steigenden Lebenshaltungskosten immer ärmer werden, wollen wir noch mehr auf die Armut in unseren Häusern achten. Wir haben alltägliche Bedürfnisse, die sich die Armen nicht erfüllen können; achten wir darauf, wie wir damit umgehen. Wir sollten spüren, was es heißt, wenn Nahrung, Kleidung, Wasser, Strom und Seife fehlen, denn auch unsere Armen müssen all dies oft entbehren. Weil wir dies ohne große Schwierigkeiten bekommen können, gehen wir oft allzu großzügig damit um, vielleicht sogar mehr, als wenn wir zu Hause bei unserer Familie wären.

7 Wir sollten uns ordentlich kleiden, damit die anderen keinen Anstoß nehmen und unseren Dienst nicht von vornherein ablehnen. Doch unsere Kleidung darf weder auffallend sein noch aus feinem Material bestehen. Aus gesundheitlichen Gründen oder wegen des Klimas können wir gezwungen sein, mehrere Gewänder zu haben, aber wir dürfen nichts Überflüssiges besitzen. Auf jeden Fall müssen wir uns davor hüten, einen Mangel an Sauberkeit, Ordnung und Pflege mit Armut zu verwechseln. Schmutzige, ungepflegte Kleidung ist ein Zeichen von Faulheit und fehlender Sorgfalt. Das dient weder der Gesundheit noch der Erbauung. Der heilige Bernhard pflegte zu sagen: „Ich liebe die Armut, aber nicht den Dreck."

8 Die Schwestern sollten sich nicht schämen, bettelnd von Tür zu Tür zu gehen, wenn es nötig ist, für die armen Glieder am Leib Christi Bettler zu werden. Christus lebte während seines öffentlichen Lebens auch von Almosen. Ihm dienen wir in den Kranken und Armen.

9 Wir verlassen uns ganz auf die göttliche Vorsehung. Wir nehmen keine staatliche oder kirchliche Unterstützung an, wir erhalten keinen Lohn. Wir haben unser Leben Gott geweiht, um frei und ungeteilt den Ärmsten der Armen dienen zu können. Uns genügt die Freude, dass sie sich geliebt fühlen. Und wir erfahren die Zärtlichkeit und Liebe Gottes, die uns immer wieder herausfordert.

10 Als unser Herr Schwestern haben wollte für seinen Dienst an den Armen, verlangte er von ihnen ausdrücklich die Armut des Kreuzes. Unser Herr besaß am Kreuz nichts: Er hing an einem Kreuz, das Pilatus gestellt hatte. Die Nägel und die Krone hatten die Soldaten ihm gegeben. Als er starb, war er nackt; auch das Kreuz, die Nägel und die Krone wurden ihm genommen. Man wickelte ihn in ein Leichentuch, das ein mitfühlender Mensch gebracht hatte und bestattete ihn in einem Grab, das nicht ihm gehörte. Er hätte nicht so sterben müssen, er hätte als König sterben und dann auferstehen können. Er aber wählte die Armut, weil er in seiner Weisheit wusste, dass man durch die Armut Gott besitzen, sein Herz erobern und seine Liebe auf die Erde herab bringen kann.

11 Mit dem Streben nach Geld kommt auch die Sehnsucht nach dem, was man mit Geld erwerben kann: jede Art von Überfluss, schöne Möbel, reichhaltige Speisen, mehr Kleider, eine Klimaanlage usw. Unsere Bedürfnisse wachsen, denn eines zieht das andere nach sich. Das Ergebnis ist eine ständige Unzufriedenheit. Wenn ihr je etwas anschaffen müsst, denkt daran, dass eure Vorgesetzten sich auf euch verlassen können müssen. Als Ordensleute müsst ihr billige Dinge minderer Qualität kaufen. Euer gutes Beispiel beim Sparen wird den Geist der Armut lebendig erhalten.

12 Wenn die Schwestern zu Hause arbeiten, müssen sie fleißig sein, ob sie nun auf dem Feld arbeiten oder etwas für den Verkauf herstellen. Denn

auch Jesus arbeitete für seine Mutter. Er war wirklich ein Arbeiter. Er war bekannt als der Sohn des Zimmermanns. Ohne Widerwillen und ohne am Willen Gottes zu zweifeln, führte er fast zwanzig Jahre lang ein Leben harter Arbeit, obwohl er doch gekommen war, um die Menschen zu Gott zu führen. In der harten Arbeit in der Werkstatt seines Pflegevaters hatte er die größten Tugenden, die ein Mensch besitzen kann: Demut, Gehorsam, Armut. Er stand immer über den Sorgen um materielle Dinge; er – der Herr von allem – arbeitete nicht um der Arbeit willen, sondern für den, der ihn gesandt hatte: für seinen Vater im Himmel.

13 Da wir aus Liebe zu Christus arm mit den Armen sind und arm bleiben wollen, verzichten wir gern auf die Annehmlichkeit eines eigenen Zimmers. Wenn wir mit anderen im Schlafsaal schlafen, können wir uns in vielen Tugenden üben: in Armut, Bescheidenheit, Sauberkeit und Ordnung. Es hilft auch, den Sinn für die Familie zu stärken.

14 „Ob ihr ... esst oder trinkt oder etwas anderes tut: tut alles zur Verherrlichung Gottes" (1 Kor 10,31). Christus aß in seinem Leben gewiss nicht übermäßig. Seine Eltern waren arm, und die Armen können sich kein Festmahl leisten. Oft litt er wahre Not, wie die Vermehrung der Brote und Fische und das Pflücken der Ähren auf dem Weg durch die Felder zeigen. Der Gedanke an diese Momente im Leben Jesu kann uns eine heilsame Mahnung sein, wenn bei einer Mission oder zu Hause unsere Mahlzeiten mager aus-

fallen. Wenn das Essen gut schmeckt, dann dankt Gott. Wenn nicht, dankt ihm ebenfalls, ja dankt ihm noch mehr, denn er hat euch eine Gelegenheit gegeben, ihn in seiner Armut nachzuahmen. Es wäre ein Fehler, über das Essen zu sprechen oder sich über das zu beklagen, was uns gereicht wird; sich solchen Gedanken hinzugeben, ist immer abträglich.

15 Ein reicher Mann in Neu Delhi sagte über unsere Gemeinschaft: „Wie wundervoll ist es doch, Schwestern zu sehen, die so frei von der Welt sind – und das im 20. Jahrhundert, wo man alles, für veraltet hält, was nicht erst heute entstanden ist!“ Behaltet die Armut bei, auch in den einfachen, alltäglichen Dingen: Repariert eure Schuhe selbst usw. Liebt die Armut, wie ihr eure Mutter liebt.

16 Sucht Jesus nicht in fernen Ländern; er ist nicht dort. Er ist euch ganz nah; er ist bei euch. Haltet nur die Lampen am Brennen, und ihr werdet ihn immer sehen (vgl. Mt 25,1-13). Füllt eure Lampe immerfort mit kleinen Tropfen Liebe, und ihr werdet sehen, wie gut der Herr ist, den ihr liebt.

17 Ich brauche mich nicht um euch zu sorgen, wenn ihr eure persönliche Liebe zu Christus vertieft. Dann wird alles gut. Die Leute können euch übergehen, ohne dass es euch wehtut oder verletzt. Wenn ihr das erste Mal nach draußen geht, werfen sie vielleicht Steine nach euch. Gut, dann dreht euch um, und lasst sie auch auf die andere Seite werfen. Wichtig

ist, dass ihr durchhaltet auf eurem Weg, dass ihr an Christus festhaltet. Seid gewiss, er wird euch nicht verlassen.

18 Jesus wird Großes mit euch tun, wenn ihr ihn wirken lasst und ihn nicht dabei stört. Wir stören Gottes Pläne, wenn wir etwas durchsetzen wollen, das uns nicht ansteht. Seid streng mit euch selbst und auch, wenn man euch etwas geben will. Die Leute kommen mit wunderbaren Ideen und großartigen Vorhaben; aber alles, was euch von dem abbringt, was ihr Gott versprochen habt, müsst ihr ablehnen.

19 Seid in den kleinen Dingen treu, denn darin liegt unsere Stärke. Für unseren großen Gott ist nichts zu klein. Weil wir so klein sind, beugt er sich zu uns herab, sorgt sich auch um unsere Kleinigkeiten und gibt uns die Gelegenheit, ihm unsere Liebe zu beweisen. Wenn Gott etwas tut, wird auch das Kleine groß. Denn er ist unendlich. Ja, meine lieben Kinder, seid treu in den kleinen Taten der Liebe und in der gewissenhaften Erfüllung der kleinen Dinge der Regel, das wird euch der Heiligkeit näher bringen und euch Christus ähnlicher machen.

20 Ich bete für alle Familien. Sie mögen wachsen in der Heiligkeit durch die Liebe füreinander. Bringt Jesus, wohin ihr auch geht. Die anderen sollen nur Jesus in euch sehen. Betet für eure Kinder, betet, dass eure Töchter und Söhne den Mut haben, ja zu Gott zu sagen und ihr Leben ganz ihm zu weihen. Viele Fa-

milien wären überglücklich, wenn ihre Kinder ihr Leben Gott schenkten. Betet für sie, dass sie diesen Herzenswunsch erfüllen können.

21 Durch das Gelübde der Keuschheit schenken wir unser Herz dem Herrn, dem gekreuzigten Christus. Der einzige Platz in unserem Herzen gehört ihm. Gott ist wie ein eifersüchtiger Liebhaber. Im Evangelium heißt es, dass wir nicht zwei Herren dienen können, denn wir werden dem einen dienen und den anderen hassen (vgl. Mt 6,24). Die Gelübde sind Mittel, welche die Seele zu Gott führen. Das Gelübde der Keuschheit dient dazu, das Herz Gott zu schenken. Das Herz ist das Höchste und Edelste, aber es ist auch eine Quelle der Gefahr. Durch unser Gelübde weihen wir unser Herz Gott und verzichten auf die Freuden des Familienlebens und darauf, Mutter zu werden. Wir verzichten auf diese Gabe Gottes um einer größeren Gabe willen: Jungfrau Christi zu sein, Mutter von Seelen.

22 Unser Herr hat eine besondere Liebe für jungfräuliche Menschen. Seine Mutter, der heilige Josef und der heilige Johannes, der Lieblingsjünger, sie alle haben die Keuschheit gelebt. Warum will ich ehelos leben? Weil ich die Braut Jesu Christi bin, des Sohnes des lebendigen Gottes. Weil ich die Arbeit, die ich zu tun habe, als Mitarbeiterin Christi tun möchte. Meine Keuschheit muss so rein sein, dass sie auch den Unreinsten zum Herzen Jesu führen kann.

23 Wir müssen überzeugt sein, dass nichts eine menschliche Seele so auszeichnet wie die Tugend der Keuschheit und dass nichts sie mehr entstellt als das entsprechende Laster. Doch man darf sich nicht täuschen: Die Würde der Keuschheit besteht nicht im Freisein von Versuchungen, sondern im Sieg über sie.

24 Einige Anregungen, die uns helfen können, die Keuschheit besser zu leben:
– nicht von sich selbst überzeugt sein, sondern sein ganzes Vertrauen auf Gott und auf Jesus setzen, der die Quelle jeder Heiligkeit ist;
– sich immer der Gegenwart Gottes bewusst sein und in einer Haltung des Gebets leben;
– oft die heilige Eucharistie empfangen; sie stärkt die Auserwählten;
– Abtötung des Fleisches;
– treu, bescheiden und taktvoll sein; keine exklusiven Freundschaften pflegen. Echte Freundschaft ist ein Geschenk Gottes, sie ist herzlich und doch zurückhaltend, sie kapselt nicht ab, sondern lässt die Freiheit in der Wahl der Freunde;
– die Arbeit lieben, auch in der heißen Jahreszeit;
– offen sein gegenüber dem Vorgesetzten und dem Beichtvater;
– sich klug verhalten, besonders im Umgang mit dem anderen Geschlecht; durch Unvorsichtigkeit haben viele Ordensleute ihre Berufung verloren;
– die Muttergottes, die unbefleckte Jungfrau, lieben; sie wird über uns wachen; wenn wir versagen, erinnern wir uns, dass sie die Zuflucht der Sünder ist.

25 Wenn wir uns daran erinnern, dass wir am Morgen bei der Kommunion den Leib Christi in unseren Händen gehalten haben, werden wir uns leichter all dessen enthalten, was ihre Reinheit beflecken könnte. Wir werden großen Respekt vor unserer eigenen Person und den anderen haben. Wir werden alle mit der gebührenden Höflichkeit behandeln, aber frei von Sentimentalität und unkontrollierten Gefühlen.

26 Wir müssen so von Liebe, Freundlichkeit und Heldenhaftigkeit erfüllt sein, dass wir das Herz Gottes anrühren und viele Menschen zu Christus führen. Unsere Hände müssen rein sein, wenn wir in der Gestalt der Armen den Leib Christi berühren, wie der Priester ihn am Altar in der Gestalt des Brotes berührt. Mit welcher Liebe und Frömmigkeit, mit welchem Glauben hebt er die heilige Hostie empor. In der gleichen Haltung müssen wir den kranken Körper eines Armen aufrichten. Setzen wir diese Liebe, diesen Glauben, diese Frömmigkeit in die Tat um; Jesus nimmt es an, als hätten wir es ihm getan.

27 Wenn wir Gott mit ganzer Seele lieben, wenn wir Jesus Christus über alles lieben und die Muttergottes verehren, dann werden wir nicht so leicht in unguter Weise von den Geschöpfen angezogen. Aber wir brauchen eine brennende, großzügige Liebe zu Jesus, die alles durchdringt und Herz und Sinn erfüllt. Dann schenken wir den Gefühlen keine Aufmerksamkeit mehr. Wenn uns aber eine solche Zuneigung gefangen nimmt, dann wird Jesus, der keine fremden

Götter in unserem Herzen dulden kann, uns streng tadeln. Er selbst schützt mit eifersüchtiger Sorge die Herzen derer, die sich ihm schenken.

28 Heute müssen wir mehr denn je um Licht bitten, damit wir den Willen Gottes erkennen können, um Liebe, damit wir ihn annehmen können, und um den Weg, wie wir ihn tun können.

29 Gehorsam ist, wer den Willen Gottes erfüllt. Jesus ist gekommen, den Willen seines Vaters zu tun, und er tat ihn bis zum Tod, bis zum Tod am Kreuz. „Mir geschehe, wie du es gesagt hast" (Lk 1,38), antwortete Maria für dich und für mich, als wir uns entschieden haben, *Missionarin der Nächstenliebe* zu werden. Der sicherste Weg zu wahrer Heiligkeit und zur Erfüllung unserer Sendung, Frieden, Liebe und Freude zu bringen, ist der Gehorsam.

30 Bemühen wir uns, auch in den kleinsten Dingen treu zu sein, nicht um ihrer selbst willen – das wäre töricht –, sondern wegen des Willens Gottes. Der heilige Augustinus sagt: „Kleine Dinge sind in der Tat klein, aber Treue im Kleinen ist etwas Großes."
Ist unser Herr in einer kleinen Hostie nicht genauso gegenwärtig wie in einer großen? Die kleinste Regel enthält ebenso den Willen Gottes wie die großen Dinge des Lebens.

Oktober

1 Da unsere Gemeinschaft wächst, besteht die Gefahr, dass sie ihre familiäre Prägung verliert. Es liegt an jedem von uns, diese Prägung zu erhalten und dafür zu sorgen, dass Liebe und Einheit, Demut und Dienst lebendig bleiben und reiche Frucht bringen, in jedem von uns und in den Leuten, denen wir dienen. Wenn wir diesen familiären Charakter, die Liebe und Einheit im geistlichen Leben bewahren wollen, müssen wir einander aufzurichten wissen, einander durch das gute Beispiel des Gebets und der Einheit mit Gott ermutigen und uns gegenseitig helfen, unserer Berufung treu zu bleiben.

2 Jesus hat mich geliebt bis zum Tod. Liebe ich Jesus bis zum Tod? Wie kann ich Jesus lieben, den ich nicht sehe, wenn ich meine Schwestern und Brüder oder die Armen nicht liebe, die ich sehe? Wenn ich das nicht tue, dann – so sagt der heilige Johannes – bin ich ein Lügner:
„Wenn jemand sagt: Ich liebe Gott!, aber seinen Bruder hasst, ist er ein Lügner. Denn wer seinen Bruder nicht liebt, den er sieht, kann Gott nicht lieben, den er nicht sieht“ (1 Joh 4,20).

3 Der schöne Name „Schwester“ ist ein starkes Band, das die zusammenhält, die zur selben Familie gehören. Dieses heilige Wort ist so groß, dass König Salomo im Hohenlied der Liebe die Seele mit diesem wunderbaren Namen bezeichnet.

4 In den Armen und in unseren Schwestern und Brüdern ist Jesus gegenwärtig. Deshalb leben wir Tag und Nacht in seiner Gegenwart. Deshalb sind wir kontemplative Menschen mitten in der Welt. Wir müssen lernen, unsere Arbeit Gebet werden zu lassen. Das geschieht, wenn wir sie mit Jesus und für Jesus tun, zur Ehre seines Namens und für das Heil der Menschen.

5 Wenn wir manchmal den Eindruck haben, der Herr sei nicht da, liegt es vielleicht daran, dass wir einer Schwester aus dem Weg gegangen sind? Nur etwas öffnet uns den Himmel: ein Leben, das erfüllt ist von Liebe und Freundlichkeit. Wir werden nie wissen, wie viel Gutes schon ein Lächeln bewirken kann. Wir sprechen zu den Menschen von der Freundlichkeit Gottes, von seiner Vergebung und seinem Verständnis für uns. Doch können sie das in uns finden? Sind wir der lebendige Beweis für diese Güte, diese Barmherzigkeit, dieses Verständnis?

6 Die Heiligkeit nimmt besonders zu, wo es Güte gibt. Ich habe nie gehört, dass ein guter Mensch vom Weg abgekommen wäre. Die Welt ist leer, weil es an Freundlichkeit und Güte fehlt. In Ordenshäusern ist diese Güte und Freundlichkeit besonders gefährdet,

weil man sich aneinander gewöhnt, so dass einige meinen, einem anderen jederzeit alles sagen zu können. Man erwartet von den anderen Schwestern Nachsicht, wenn man es an Freundlichkeit fehlen lässt. Warum hält man nicht zuerst die eigene Zunge im Zaum? Ihr wisst, was ihr selbst tun könnt, aber ihr wisst nicht, was die anderen ertragen können. Warum wachst ihr nicht zuerst selbst in der Heiligkeit? Wenn ihr heilig seid, hilft das euren Schwestern mehr, als wenn ihr ihnen zumutet, mit eurer Unhöflichkeit fertig zu werden.

7 Wenn ihr einander nicht liebt, wie könnt ihr dann Christus lieben? Wie können die anderen dann Jesus in euch sehen? Wir brauchen ein reines Herz, um Jesus zu sehen. „Liebt einander!“: Das ist alles, was Jesus uns hat lehren wollen. Das ganze Evangelium ist so einfach! Jesus sagt: Liebst du mich? Dann befolge meine Gebote. Immer wieder kommt er auf dieses eine Thema zurück: die gegenseitige Liebe. Er möchte, dass wir einander wirklich lieben. Daher: Gebt aus ganzem Herzen!

8 Sei freundlich in deinem Tun. Denk nicht, du wärest die einzige, die eine bestimmte Arbeit erfolgreich ausführen kann. Wenn du so denkst, wirst du hart in deinem Urteil über andere Schwestern, die vielleicht nicht die gleichen Talente haben. Gott verlangt von jeder Schwester nur soviel, wie er ihr gegeben hat, nicht, was er dir gegeben hat. Weshalb willst du dich in Gottes Pläne einmischen? Alles gehört ihm, er gibt jedem, wie er es für richtig hält. Tu, was du kannst, und

glaub daran, dass auch die anderen nach Gottes Plänen ihr Bestes tun. Wenn ihr Bestes ein völliges Versagen ist, was kümmert das dich? Folge dem Weg, den er für dich ausgewählt hat. Überlass es ihm, den Weg für die anderen zu bestimmen.

9 Eine tiefe Liebe misst nicht, sie verschenkt sich. Eine Schwester, die ein Apostel der Liebe Christi sein möchte, muss vor Liebe brennen. Sie braucht eine lebendige Liebe zu ihren Mitschwestern. Wenn ihr Frieden wollt, dann dürft ihr nicht immer gleich sagen, was ihr denkt oder was euch in den Sinn kommt.

10 Aufmerksam sein für den anderen ist die Grundlage großer Heiligkeit. Wenn ihr die Kunst lernt, aufmerksam zu sein, werdet ihr mehr und mehr Christus ähnlich, denn er war von Herzen gütig und dachte immer an die anderen. Jesus zog umher und tat Gutes (vgl. Apg 10,38). Maria hat bei der Hochzeit zu Kana nichts anderes getan, als darauf zu achten, was die Leute brauchten, und es Jesus zu sagen. Das Einfühlungsvermögen von Jesus, Maria und Josef in die Not der anderen war so groß, dass Nazaret zum Haus Gottes wurde. Wenn wir diesen wachen Blick der Liebe füreinander haben, dann werden auch unsere Gemeinschaften zur Wohnung Gottes.

11 Wie schön werden unsere Konvente, wenn jeder darauf achtet, was die anderen brauchen! Achtet auch darauf, dass ihr eure Zunge zum Wohl der anderen gebraucht. Man hat schnell etwas gesagt.

Wenn ihr gut von den anderen denkt, dann sprecht ihr auch gut über sie. Wovon das Herz voll ist, davon spricht der Mund. Wenn euer Herz voll Liebe ist, dann sprecht ihr aus Liebe.

12 Seid aufrichtig zueinander, und habt den Mut, die anderen so anzunehmen, wie sie sind. Seid nicht überrascht und besorgt, wenn ihr bemerkt, dass jemand versagt hat. Sucht vielmehr in jedem das Gute, denn jeder von uns ist nach dem Bild Gottes geschaffen. Jesus hat so schön gesagt: „Ich bin der Weinstock, ihr seid die Reben" (Joh 15,5). Bemühen wir uns, jede Schwester als Rebzweig am Weinstock, der Christus ist, zu sehen und anzunehmen. Es ist derselbe Leben spendende Saft, der vom Weinstock aus durch alle Reben fließt.

13 Seid eine lebendige Rebe am Weinstock, der Jesus ist. Dafür bedarf es einer immer größeren Liebe füreinander: zu wissen, was dem anderen gefällt, zu spüren, was er braucht, die Gaben und Fähigkeiten des anderen zu erkennen und zu schätzen.

14 „Ein neues Gebot gebe ich euch: Liebt einander! Wie ich euch geliebt habe, so sollt auch ihr einander lieben" (Joh 13,34). „Wenn jemand mich liebt, wird er an meinem Wort festhalten; mein Vater wird ihn lieben, und wir werden zu ihm kommen und bei ihm wohnen" (Joh 14,23). Wenn wir einander lieben durch das, was wir tun, wachsen die Gnade und die göttliche Liebe in uns. Da die Liebe Jesu unsere gegen-

seitige Liebe ist, können wir lieben, wie er liebt. So wird er sich uns und der Welt durch die gegenseitige Liebe offenbaren. Durch diese Liebe, die ihr zueinander habt, werden die Menschen erkennen, dass wir ihm gehören.

15 „Liebt einander, so wie ich euch geliebt habe" (Joh 15,12). Diese Worte Jesu sollten nicht nur ein Licht für uns sein, sondern auch eine Flamme, die den Egoismus verbrennt; denn der Egoismus verhindert, dass man in der Heiligkeit wächst. Jesus liebte uns „bis zur Vollendung" (vgl. Joh 13,1), bis zum Äußersten: bis zum Tod am Kreuz. Unsere Liebe muss von innen her kommen, aus unserer Einheit mit Christus. In unserem Leben muss unsere Liebe zu Gott, zu unserer Oberin und den Schwestern zum Ausdruck kommen, mit denen wir eine einzige Familie bilden: eine Familie, in der wir alle denselben Vater haben, den Vater im Himmel. Lieben muss so normal für uns sein wie das Leben und Atmen, Tag für Tag bis zu unserem Tod.

16 Liebe beginnt zu Hause, in unserer Gemeinschaft. Wir können draußen nicht lieben, wenn wir nicht drinnen unsere Brüder und Schwestern wirklich lieben. Wir brauchen ein reines Herz, um Gott sehen zu können. Wenn jeder von uns in dem anderen Gott sieht, werden wir einander lieben, wie er uns geliebt hat. Die gegenseitige Liebe ist die Erfüllung des Gesetzes. Jesus ist gekommen, um uns zu lehren, dass Gott uns liebt. Er möchte, dass wir einander lieben, wie er uns liebt.

17 Die heilige Therese von Lisieux sagt: „Wenn ich aus Liebe handle und denke, dann spüre ich, dass Jesus in mir wirkt. Je mehr ich mit ihm vereint bin, desto mehr liebe ich die anderen, die im Karmel wohnen." Um das zu verstehen und zu leben, müssen wir viel beten, denn das Gebet vereint uns mit Gott und strömt immerzu auf die anderen über. Die Taten der Liebe, die wir von innen heraus tun, sind nichts anderes als ein Überfließen unserer Liebe zu Gott, der in uns wohnt. Wer am tiefsten mit ihm vereint ist, liebt den Nächsten am besten.

18 Wie schön ist es, wenn man sieht, dass die gegenseitige Liebe wirklich gelebt wird!
Ihr junge Schwestern sollt eine große Liebe zu euren älteren Schwestern haben und sie achten.
Ihr ältere Schwestern sollt eure jüngeren Schwestern mit Respekt und Liebe behandeln, denn sie gehören Jesus wie ihr.
Er hat jede von euch einzeln erwählt, damit ihr in der Welt seine Liebe und sein Licht seid. Der einfachste Weg, sein Licht zu werden, besteht darin, freundlich, liebevoll, aufmerksam und aufrichtig zueinander zu sein: „Daran werden alle erkennen, dass ihr meine Jünger seid: wenn ihr einander liebt" (Joh 13,35).

19 Versuchen wir zu verstehen, wie zärtlich Gottes Liebe ist. Er sagt in der Heiligen Schrift: „Kann denn eine Frau ihr Kindlein vergessen, eine Mutter ihren leiblichen Sohn? Und selbst wenn sie ihn vergessen würde: Ich vergesse dich nicht" (Jes 49,14). Gott hat

uns mit seiner Hand geformt. Wenn du dich allein oder ausgestoßen, krank oder vergessen fühlst, dann denk daran, dass du ihm kostbar bist. Er liebt dich. Und dann gib auch du Zeugnis von der gegenseitigen Liebe, denn darin liegt alles, was Jesus uns hat lehren wollen.

20 Bitten wir die Muttergottes und den heiligen Josef, die Jesus ein Zuhause gaben, dass unsere Gemeinschaften so werden wie das Haus von Nazaret. Haben wir keine Angst. Jesus hat gesagt: „Fürchtet euch nicht … Ich bin bei euch“ (Mt 28,10.20); „Liebt einander! Wie ich euch geliebt habe, so sollt auch ihr einander lieben“ (Joh 13,34).
Liebe besteht nicht aus Worten und lässt sich auch nicht mit Worten erklären. Das gilt besonders für jene Liebe, die von Jesus ausgeht, die in den anderen Menschen Jesus erkennt, berührt, ihm dient und ihn liebt. Eine solche Liebe ist echt, brennend, rein, frei von Furcht und Zweifel. Es gibt keine größere Liebe als jene, die Christus uns vorgelebt hat. Deshalb bitte ich euch, einander zu lieben, wie Christus uns geliebt hat. Wie der Vater ihn geliebt hat, so hat er auch uns geliebt, und so liebt er uns auch jetzt. Er hat uns beim Namen gerufen; wir sind ihm kostbar.

21 Menschen aller Nationalitäten sind in unserer Gemeinschaft willkommen. Auch in dieser Hinsicht – wie in jeder anderen – möchten wir Kinder unserer Mutter Kirche sein. Nationalismus ist unvereinbar mit unseren Konstitutionen; wir würden dem Geist unserer Berufung untreu. Deshalb sollten wir nie

eine schlechte Meinung von Leuten haben, die einer anderen Nation angehören; das zeugt von einem großen Mangel an Liebe.

22 Der heilige Klemens berichtet, er habe von Paulus Folgendes gehört: Wenn die Jünger schliefen, habe der Herr über sie gewacht wie eine Mutter über ihre Kinder. Er war bereit, ihnen jeden kleinen Dienst zu tun. So ist das Band, das uns eint und die Alten mit den Jungen verbindet, wie eine goldene Kette, die tausendmal stärker ist als Fleisch und Blut, als menschliche Interessen oder Freundschaften. Diese lassen die Mängel des Leibes und die Laster der Seele sichtbar werden, während die Liebe alles zudeckt und verbirgt. Die Liebe möchte das Werk Gottes, den Preis des Blutes Jesu Christi und das Meisterwerk des Heiligen Geistes so präsentieren, dass man es nur bewundern und lieben kann.

23 Wir dürfen keine Angst haben, Christi Liebe zu verkünden und zu lieben, wie er geliebt hat. Unsere Arbeit – so gering und niedrig sie auch sein mag – soll Ausdruck der Liebe Christi sein. Habt keine Angst, euch ein reines, ungeteiltes Herz zu bewahren und die Freude auszustrahlen, dass ihr Braut des gekreuzigten Christus seid. Habt keine Angst, euch mit Christus zu erniedrigen und denen zu gehorchen, denen von oben die Macht gegeben ist und die deshalb Gehorsam bis zum Tod fordern. Seid glücklich, dass Christus durch euch noch einmal durch die Welt geht, dass er durch euch umherzieht und Gutes tut.

24 In einer harmonischen Familie, die auf der Liebe und der Einheit gründet, ist es das Wichtigste, dass die Kinder ein grenzenloses Vertrauen zu den Eltern haben und ihnen gehorchen. Jesus lebte so dreißig Jahre lang in Nazaret, denn wir wissen aus dieser Zeit von ihm nur, dass er seinen Eltern gehorsam war (vgl. Lk 2,51).

25 Wenn wir sofort, mit Einfachheit, blind und mit Freude gehorchen, ist das der beste Beweis unseres Glaubens. Wenn Gott einen fröhlichen Geber liebt (vgl. 2 Kor 9,7), um wie viel mehr wird er dann den lieben, der freudig gehorcht! Wir müssen gehorchen, wie Christus gehorsam war, bis zum Tod, ja bis zum Tod am Kreuz. Er tat in allem und immer den Willen seines Vaters, so dass er sagen konnte: „Ich tue immer das …, was ihm gefällt“ (Joh 8,29). Er gehorchte Kajafas und Pilatus, weil ihre Autorität ihnen „von oben“ gegeben war. Er unterwarf sich ihnen gehorsam und mit Würde. Er sah nicht auf ihre menschlichen Grenzen. Er sah auf seinen Vater; ihm zuliebe unterwarf er sich ihnen. Wenn wir wie Jesus gehorchen, ist unser Leben Gott wohlgefällig, und er wird uns sagen: Du bist mein geliebtes Kind, an dir habe ich Gefallen gefunden.

26 Richtig gelebter Gehorsam befreit uns von Egoismus und Stolz und hilft uns, Gott und in ihm die ganze Welt zu finden. Gehorsam ist eine besondere Gnade, er bringt unerschöpflichen Frieden, innere Freude und eine tiefe Einheit mit Gott hervor.

27 Durch den Gehorsam werden kleine Taten und ganz gewöhnliche Beschäftigungen zu Taten lebendigen Glaubens. Gelebter Glaube aber ist Liebe, und gelebte Liebe ist ein Dienst am liebenden Gott. Freudig gelebter Gehorsam vermittelt ein lebendiges Bewusstsein der Gegenwart Gottes. Sofort zu kommen, wenn die Glocke ertönt, pünktlich bei der Arbeit und beim Essen zu erscheinen: Das ist die Frucht eines beständigen, unverzüglichen, freudigen und ungeteilten Gehorsams. Solche Momente sind wie Öltropfen, die in unserem Leben das Licht Jesu am Leuchten halten.

28 Wenn wir durch den Gehorsam in der Heiligkeit wachsen wollen, dann wenden wir uns beständig an die Muttergottes, damit sie uns gehorchen lehre, und an Jesus, der gehorsam war bis zum Tod: Er, der Gott war, „erniedrigte sich und war gehorsam bis zum Tod“ (Phil 2,8).

29 Wenn wir uns ganz Gott hingeben, werden wir beständig seine Hilfe erfahren. Denn wenn wir gehorsam sind, tun wir seinen heiligen Willen. Das befreit uns von Zweifeln, Ängsten und Skrupeln.

30 Wir gehen nie fehl, wenn wir gehorchen. Bittet den Heiligen Geist um diese eine Gnade. Nur Jesus in der Eucharistie, Jesus am Kreuz kann uns durch sein lebendiges Beispiel den Gehorsam lehren.

31 Es gab einen Priester, der eine besondere Liebe zu den Chinesen hatte und sich für sie einsetzen wollte. Er war mit solcher Hingabe für sie da, dass es schien, als seien seine Augen mandelförmig wie die der Chinesen. Wenn ich beständig mit Jesus zusammenlebe, dann werde ich ihm ähnlich und ich werde handeln wie er. Nichts gefällt Gott mehr, als wenn wir gehorsam sind. Lieben wir Gott nicht wegen der Dinge, die er uns schenkt, sondern wegen der Dinge, die er uns nimmt. Unsere kleinen Akte des Gehorsams sind eine Gelegenheit, ihm unsere Liebe zu beweisen.

November

1 Wie Jesus in der Menschwerdung einer von uns wurde, in allem uns gleich außer der Sünde, so sollen auch wir, wenn wir als kontemplative Missionare in neue Länder und Gebiete gesandt werden, in wahrem missionarischem Geist
– uns lösen von unserem eigenen Land, von unserer Kultur und Sprache;
– das neue Land und seine Leute lieben lernen, ihre Sprache erlernen und uns mit ihrer Geschichte, Kultur und Religion vertraut machen;
– ihre Sitten und Gebräuche respektieren.
Als Mitglieder einer internationalen Ordensfamilie bewahren wir uns die Freiheit, das zu übernehmen, was in den Kulturen anderer Völker heilig, schön und unverzichtbar ist. Auch sie gehören ja zu der einen Familie Gottes. In ganz besonderer Weise freilich werden wir uns an der Kultur, den Sitten und Gebräuchen Jesu Christi und seiner Heiligen orientieren, die nie aus der Mode kommen und das Beste aller Kulturen der Welt in sich enthalten.

2 Wenn wir in eine Gemeinschaft außerhalb unseres eigenes Landes eintreten oder zu einer Mission ausgesandt werden, dann sollen wir aus freien Stücken unseren neuen Aufenthaltsort akzeptieren und glücklich sein, mit den Menschen dort zu leiden und zu ster-

ben, wenn es nötig ist. Wir sollen bereit sein, solange dort zu bleiben, bis der Gehorsam uns anderswohin ruft. Um uns dem Lebensstandard der Leute in unserer Umgebung anzupassen, werden wir alles aufgeben, was wir nicht unbedingt zum Leben brauchen. So werden wir daran erinnert, dass wir nicht nur mit den Armen dieses Landes in Beziehung stehen, sondern mit den Armen der ganzen Welt.

3 Ganzhingabe in einem kontemplativen Leben – das bedeutet für uns, freudig und und mit brennendem Herzen Gott folgen, der uns zur innigsten Vereinigung mit ihm ruft. Deshalb geben wir uns ganz in seine Hände. Wir überlassen uns ganz seiner Liebe und lassen ihm jede Freiheit, seine Liebe so zum Ausdruck zu bringen, wie er es möchte, ohne auf uns Rücksicht zu nehmen. Mit großer Sehnsucht erwarten wir alle Schmerzen und Freuden, die diese Vereinigung mit sich bringt. Ganzhingabe heißt auch, freiwillig ein Gefangener seiner Liebe zu sein, sich freiwillig aufzuopfern als Sühne für die Schuld, die seine Liebe verletzt hat. Selbst wenn er von uns das Martyrium verlangt, wissen wir, dass wir ganz ihm gehören.

4 Ein liebender Glaube bedeutet für einen kontemplativen Menschen:

– absolut, bedingungslos und unerschütterlich vertrauen auf Gott, unseren liebenden Vater, auch wenn alles zu scheitern scheint;

– nur auf Gott blicken, der unsere Hilfe und unser Beschützer ist;

– nicht länger zweifeln und entmutigt sein, sondern all unsere Ängste und Sorgen auf den Herrn werfen und in großer Freiheit vorangehen auf unserem Lebensweg;
– mutig und ohne Furcht allen Schwierigkeiten entgegengehen, denn wir wissen, dass mit Gott nichts unmöglich ist;
– unserem Vater im Himmel vertrauen wie ein Kind, in der festen Überzeugung, dass wir ein Nichts sind. Im unbegrenzten Glauben an seine väterliche Güte wollen wir uns ihm mutig anvertrauen.

5 Die Freude ist wirklich die Frucht des Heiligen Geistes und ein klares Zeichen, dass das Reich Gottes in uns ist. Jesus teilte seine Freude mit seinen Jüngern: „… damit meine Freude in euch ist und damit eure Freude vollkommen wird" (Joh 15,11). Die Freude kommt aus unserer Großzügigkeit, Selbstlosigkeit und aus der innigen Einheit mit Gott; denn er gibt dem am meisten, der mit Freude gibt. „Gott liebt einen fröhlichen Geber" (2 Kor 9,7).

6 Im Namen Jesu werden wir freiwillig in Städte und Dörfer in aller Welt gehen, auch in Elendsviertel und gefährliche Gegenden. Wir gehen mit Maria, der unbefleckten Mutter Jesu, dorthin und suchen die geistlich Ärmsten unter den Armen, gestützt auf Gottes zärtliche Zuneigung. Wir verkünden ihnen die frohe Botschaft vom Heil und von der Hoffnung, singen mit ihnen seine Lieder und bringen ihnen seine Liebe, seinen Frieden und seine Freude.

7 Wir werden Sünder zur Umkehr rufen und sie durch unsere persönliche Zuwendung zu ihnen zu Gott führen. Wir werden ihnen die Barmherzigkeit Gottes verkünden, und – wenn es erforderlich ist – sie auch an die Gerechtigkeit Gottes erinnern. Wir werden ihnen zeigen, dass der Weg zum Heil durch Selbstverleugnung und Kreuz geht, durch die Umkehr des Geistes und des Herzens, durch den Glauben an Jesu Namen und das Leben seiner Botschaft der Liebe zum Vater und zum Nächsten.

8 Wir werden die Unwissenden lehren durch das Beispiel eines ganz in und mit Christus gelebten Lebens. Wir werden die Wahrheit des Evangeliums bezeugen durch unsere aufrichtige Verehrung Christi und die brennende Liebe zu ihm und seiner Kirche. Wir werden das Wort Gottes verkünden – furchtlos, offen und klar, so wie es der Lehre der Kirche entspricht, wo immer sich die Gelegenheit dazu bietet.

9 Wir werden den Zweifelnden Rat geben. Zunächst hören wir ihnen aufmerksam und voller Liebe zu, dann sprechen wir zu ihnen entschieden, freundlich und liebevoll von der Wahrheit Gottes.
Wir werden denen, die versucht werden, beistehen durch Gebet, Buße und verständnisvolle Liebe und – wenn sich die Gelegenheit ergibt – auch durch klärende und ermutigende Worte.
Wir werden uns denen, die ohne Freunde sind, als Freund erweisen und die Kranken und Besorgten stärken, indem wir uns mit ihnen in ihrem Schmerz und

ihren Sorgen identifizieren. Gemeinsam bitten wir Gott um Heilung und Stärkung und ermutigen sie, ihre Leiden Gott anzubieten für das Heil der ganzen Welt.

10 Wir werden geduldig sein, wenn wir beleidigt werden, und uns denen, die uns Böses zufügen, nicht widersetzen. Wenn jemand uns auf die rechte Wange schlägt, halten wir auch die andere hin. Wenn jemand uns etwas wegnimmt, versuchen wir nicht, es zurückzubekommen. Wir wollen Unrecht vergeben und nicht auf Rache sinnen, sondern Böses mit Gutem vergelten, unsere Feinde lieben, für unsere Verfolger beten und die segnen, die uns verfluchen.
Wir werden den geistlich Ärmsten unter den Armen helfen zu beten. Wir beten mit ihnen und für sie, damit sie die Kraft des Gebets und die Wahrheit der Verheißung Jesu erfahren: „Bittet, dann wird euch gegeben" (Mt 7,7). „Alles, um was ihr in meinem Namen bittet, werde ich tun" (Joh 14,13).

11 Demut ist Wahrheit. Deshalb sollten wir in aller Ehrlichkeit sagen können: „Alles vermag ich durch ihn, der mir Kraft gibt" (Phil 4,13). Diese Aussage des heiligen Paulus sollte euch die Zuversicht geben, dass ihr eure Arbeit – oder besser: Gottes Arbeit – gut, wirkungsvoll, ja vollkommen tun könnt – mit Jesus und für Jesus. Seid überzeugt, dass ihr von euch aus nichts tun könnt, dass ihr nur Sünde, Schwäche und Elend vorzuweisen habt und dass alles, was ihr habt, die Gaben der Natur und der Gnade, von Gott kommt.

12 Der missionarische Aspekt unserer kontemplativen Berufung findet seinen Ausdruck darin, dass wir eilends zu den geistlich Ärmsten unter den Armen gehen. Überall, wohin wir gesandt werden, verkünden wir ihnen persönlich den Frieden, die Freude und die Liebe Gottes. Darüber hinaus können wir unsere Sendung leben, indem wir für alle Geschöpfe beten. Auf geistige Weise erreichen wir so die ganze Schöpfung Gottes, von den fernsten Planeten bis hin zu den Tiefen des Meeres, eine einsame Klosterkapelle wie eine verlassene Kirche, eine Abtreibungsklinik in einer Stadt und die Gefängniszelle in einer anderen, die Quelle eines Flusses in einem Kontinent und eine einsame Berghöhle in einem anderen, ja den Himmel und die Pforten der Hölle. Mit jedem Teil der Schöpfung sind wir verbunden. Mit jedem Geschöpf und für jedes Geschöpf beten wir, damit alle, für die das Blut des Sohnes Gottes vergossen wurde, gerettet und geheiligt werden.

13 Der kontemplative Aspekt unserer missionarischen Berufung besteht darin, dass wir in der Mitte unseres Herzens das ganze Universum vereinen, dort, wo der Ursprung und Herr des Universums wohnt. Hier bleiben wir in Gemeinschaft mit ihm, trinken aus der Quelle des tiefen inneren Friedens, der Ruhe und der Erquickung, die Gott uns schenkt. So wird das Wasser der göttlichen Gnade reichlich und unablässig aus dieser Quelle überströmen auf die ganze Schöpfung.

14 Der universelle Aspekt unseres kontemplativen Lebens besteht darin, dass wir für alle und mit allen beten, besonders mit den geistlich Ärmsten unter den Armen in der ganzen Welt.

15 Unser kontemplatives Leben ist durch Einfachheit bestimmt: Sie lässt uns überall, in allen Dingen und in allen Menschen, das Antlitz Gottes sehen. Wir erkennen seine Hand in allem, was geschieht. Alles, was wir tun – ob wir denken, studieren, arbeiten, essen oder ausruhen – tun wir in Jesus, mit Jesus, für Jesus. Wir tun es für ihn, unter dem liebenden Blick des Vaters; wir sind verfügbar für ihn, in welcher Gestalt er auch immer zu uns kommen mag.

16 Vergeuden wir unsere Zeit nicht damit, außergewöhnliche Erfahrungen in unserem kontemplativen Leben zu suchen! Leben wir vielmehr in reinem Glauben, seien wir immer wachsam und bereit für sein Kommen, indem wir unsere täglichen Pflichten mit großer Liebe und Hingabe erfüllen.

17 Unsere Kontemplation ist reine Freude: das freudige Bewusstsein der Gegenwart des Herrn. Sie ist tiefes Schweigen: ein Schweigen, in dem wir seine Fülle erfahren. Die Kontemplation ist unser Leben. Es geht nicht um das, was wir tun, sondern um das, was wir sind. Die Kontemplation besteht darin, dass der Heilige Geist von unserem Geist Besitz ergreift, uns die Fülle Gottes einhaucht und uns zur ganzen Schöpfung sendet als seine persönliche Botschaft der Liebe.

18 Unser kontemplatives Leben besteht darin, Gottes beständige Gegenwart und zärtliche Liebe zu uns in den kleinsten Dingen des Lebens zu erkennen und immer verfügbar für ihn zu sein, ihn mit ganzem Herzen, mit ganzer Seele und all unserer Kraft zu lieben, gleich, in welcher Gestalt er zu uns kommt. Wir sind berufen, hinein genommen zu werden in die beständige Beschauung des Vaters, des Sohnes und des Heiligen Geistes, in die Beschauung ihrer Liebe zueinander und ihrer Liebe zu uns, wie sie in den Großtaten Gottes, in der Schöpfung, im Werk der Erlösung und der Heiligung sichtbar wird.

19 Um das kontemplative Leben zu lernen, werden wir nicht so sehr auf Bücher bauen, die von Menschen geschrieben wurden, sondern wir werden uns vor Jesus stellen und ihn um seinen Geist bitten, damit dieser uns die Kontemplation lehre.

20 Unsere Ausbildung erhalten wir weniger durch Worte, als vielmehr durch das lebendige Beispiel derer, die mit der Ausbildung beauftragt sind, sowie durch das Beispiel aller Mitglieder der Gemeinschaft, ferner durch Gebet, Opfer und die persönliche Zuwendung zu denen, die mit ihrem Leben dem Herrn den Weg bereiten möchten.

21 Jesus, der in uns wohnt, ist der Berg unserer Beschauung, die Abgeschiedenheit unserer Betrachtung, die Wüste unseres Alleinseins, unsere Einsiedelei, die Grotte, in der wir bei Gott verweilen

können, er verbindet uns mit allen unseren Brüdern und Schwestern.

22 Jeden Tag halten wir zwei Stunden Anbetung vor Jesus im Allerheiligsten – eine bei Sonnenaufgang und eine bei Sonnenuntergang. Unsere Anbetung soll eine Sühne für die Sünden und ein Bittgebet für die Nöte der ganzen Welt sein. Wir tragen die Menschheit, die unter der Sünde leidet, vor Jesus in der Eucharistie, der sie mit seiner Kraft heilen, stützen und umwandeln kann.

23 Die kontemplativen Menschen und die Asketen aller Zeiten und Religionen haben Gott in der Stille und Einsamkeit der Wüste, der Wälder und Berge gesucht. Auch Jesus hat vierzig Tage in der Wüste verbracht und verweilte auf den Bergen im Schweigen der Nacht stundenlang im Gespräch mit dem Vater.

24 Wir sind berufen, uns von Zeit zu Zeit in die Stille und Einsamkeit mit Gott zurückzuziehen, sowohl als Gemeinschaft wie als einzelne. Dann sind wir allein mit ihm, ohne unsere Bücher, ohne Gedanken und Erinnerungen, vollständig frei von allem, um liebend in seiner Gegenwart zu verweilen: still, leer, in Erwartung, gesammelt.

25 Das Bußsakrament ist ein Akt vollkommener Liebe zu Gott, zu den Menschen und zum ganzen Universum. Sein Ziel ist die Versöhnung des Menschen mit Gott, der Menschen untereinander und

mit Gottes Schöpfung. Alles, was durch die Sünde zerbrochen ist, wird zurückgeführt zur Einheit in Jesus, mit Jesus und durch Jesus. Buße ist für uns eine ersehnte Gelegenheit, eins zu werden mit dem gekreuzigten Christus. Buße heißt: danach hungern, sich in Christus zu verlieren, so sehr, dass von uns nichts bleibt, sondern er allein, der alle Menschen zum Vater zieht. „Wenn das Weizenkorn nicht in die Erde fällt und stirbt, bleibt es allein; wenn es aber stirbt, bringt es reiche Frucht" (Joh 12,24).

26 Wie ein strenger Winter dem Frühling den Weg bahnt, so führt uns die Buße zur Heiligkeit Gottes. Sie gibt uns den Blick der Liebe Gottes. Sie befreit uns immer mehr von der Sünde und bringt uns in Einklang mit dem Wirken des Heiligen Geistes in uns, denn sie stellt unser ganzes Sein unter das machtvolle Wirken Jesu. Sie taucht uns ein in die tiefe Beschauung Gottes.

27 „Wir sind im Exil, fern vom Herrn, solange wir in diesem Leib zu Hause sind und uns nach den Dingen dieser Welt sehnen" (Franz von Assisi). Ohne Askese und Selbstverleugnung gibt es keine Kontemplation. „Der Weg zu Gott hat eine unabdingbare Voraussetzung: wahre innere und äußere Selbstverleugnung durch die Ganzhingabe seiner selbst – im Leiden für Christus wie im Freiwerden von allem" (Johannes vom Kreuz).

28 Mit besonderen Gesten und Körperhaltungen können wir unsere Hingabe an Gott besser ausdrücken:
Wir nehmen Weihwasser zum Zeichen für unsere innere Reinigung und den Segen Gottes.
Wir machen das Kreuzzeichen, um zu zeigen, dass wir ganz dem Vater, dem Sohn und dem Heiligen Geist gehören, dass wir erwählt wurden für ein Leben der Kontemplation und Liebe und dass wir um Schutz bitten gegen die Macht des Fleisches, der Welt und des Teufels.
Wir falten beim Beten die Hände zum Zeichen tiefer Ehrfurcht vor Gott.
Wir knien nieder als Ausdruck der Anbetung, der Bitte, Fürbitte, Demut und Buße.
Wir stehen aufrecht beim liturgischen Gebet als Zeichen, dass unsere Gemeinschaft teilnimmt am Gottesdienst des pilgernden Gottesvolkes, das auf dem Weg zum Vater ist. Das Stehen ist ferner Zeichen unserer Befreiung und Auferstehung in Christus; schließlich drückt es unsere Ehrfurcht, unsere Wachsamkeit und völlige Verfügbarkeit aus.
Wir setzen uns, wenn wir in tiefer Sammlung beten, zum Zeichen der Bereitschaft zuzuhören, der Verfügbarkeit, Vertraulichkeit, Beschauung und des liebenden Vertrauens auf Gott.
Wir beugen uns nieder bei der Anbetung zum Zeichen unserer Ganzhingabe.

29 Wir bemühen uns nach Kräften, dass die Menschen, die wir besuchen, das persönliche Gebet und das Gebet in der Familie, die Meditation, die geistliche Lesung und – wenn möglich – auch das Gespräch über das Wort Gottes in der Heiligen Schrift schätzen lernen und pflegen.

30 Bewusst verzichten wir darauf, das Ergebnis unserer Arbeit sehen zu wollen. Wir tun alles, so gut wir können. Alles weitere überlassen wir Gott.

Dezember

1 Dies sind drei Zeichen für wahre Demut; sehen wir, ob wir sie bei uns finden:
– Ehrerbietung, Respekt und Gehorsam gegenüber unseren Vorgesetzten;
– ein freudiges Ja zu allen Demütigungen;
– Liebe zu den anderen, besonders zu den Armen und einfachen Leuten.

2 Wie kann ich demütig werden? Durch Demütigungen, die mich treffen; indem ich mich annehme, wie ich bin, und mich über meine Schwäche freue.
Von Natur aus lieben wir das nicht, aber das Vertrauen auf Gott vermag alles. Gott braucht unsere Leere und Niedrigkeit, nicht unsere Fülle. Eine Schwester soll sich ihrer Schwäche bewusst sein und versuchen, froh zu sein, wenn andere ihre Schwäche sehen.

3 Wie wir die Demut leben können:
– Möglichst wenig von sich selbst sprechen;
– sich nicht in die Angelegenheiten anderer einmischen;
– Neugier meiden;
– Widerspruch und Zurechtweisungen froh und gelassen annehmen;
– über die Fehler anderer hinwegsehen;
– Beleidigungen und Kränkungen hinnehmen;

ner Schwäche stützt. Wenn du dich dagegen stark fühlst, glaubst du, den Herrn nicht zu brauchen.

18 Demütigungen kommen manchmal von einer Seite, von der wir sie nie vermutet hätten, zum Beispiel von Menschen, die sich Gott geweiht haben: von Bischöfen, Priestern und Ordensleuten. Einige schauen auf euch herab, weil ihr nicht gebildet seid, weil eure Arbeit wenig effektiv ist, weil euch die Qualifikationen fehlen oder weil ihr manchmal unbeholfen seid. Einige kritisieren euch, weil sie eure Lebensweise oder eure Liebe zu den Armen nicht verstehen. Auch Christus wurde von den Gebildeten seines Volkes verachtet, von den Hohenpriestern und von den Pharisäern. Wir dürfen uns glücklich nennen, dass wir auch darin zumindest ein wenig das Schicksal Christi teilen können.

19 Die Freude ist nicht nur eine Frage des Temperaments im Dienst an Gott und an den Menschen. Freude zu haben ist immer etwas Schwieriges, gerade das ist ein Grund mehr, weshalb wir uns bemühen sollten, dass wir sie finden und dass sie in unserem Herzen wächst.

20 Wir sind sogar physisch darauf angewiesen, Freude zu haben, denn die Freude schenkt uns Kraft. Eine Schwester, die froh ist, fühlt sich weniger müde und ist immer bereit, Gutes zu tun. Eine glückliche Schwester predigt auch ohne Worte. Sie ist wie der Sonnenschein der Liebe Gottes, sie weckt die Hoffnung

– es annehmen, wenn man geringschätzig behandelt, vergessen und nicht geliebt wird;
– nicht danach streben, bevorzugt oder bewundert zu werden;
– freundlich und höflich antworten, auch wenn man provoziert wird;
– nie die Würde eines anderen verletzen;
– in der Diskussion nachgeben, auch wenn man im Recht ist;
– immer das Schwierigere wählen.

4 Vergessen wir nicht, dass wir Gott nicht nur Ehrfurcht, sondern auch Demut schulden. Durch die Demut ahmen wir nicht nur Christus nach, sie befähigt uns auch, uns ganz ihm zu schenken; denn wenn wir alle Demütigungen mit Freude annehmen, finden wir zu einer innigen, brennenden Liebe zu ihm.

5 Das ist keine Demut:
– sich bei Demütigungen und Kritik immer rechtfertigen zu wollen;
– die eigenen Fehler nicht einzugestehen oder sie auf unredliche Weise zu vertuschen;
– die Schuld auf andere zu schieben;
– Lob und Anerkennung zu erwarten;
– nach Verantwortung zu streben, um befehlen zu können.

6 Wenn ihr demütig seid, kann euch nichts beunruhigen, weder Lob noch Ablehnung; denn ihr wisst, wer ihr seid. Wenn ihr getadelt werdet, werdet ihr nicht

den Mut verlieren; wenn man euch einen Heiligen nennt, werdet ihr euch nicht aufs Podest stellen. Wenn ihr heilig seid, dankt Gott; wenn ihr Sünder seid, dann bekehrt euch. Christus sagt uns, wir sollen ein sehr hohes Ziel anstreben: Er sagt nicht, wir sollen wie Abraham, David oder irgendein Heiliger sein, sondern wie unser Vater im Himmel (vgl. Mt 5,48).

7 Die Adventszeit ist wie ein Frühling, wenn die Natur in neuer Frische und Schönheit aufblüht. Der Advent sollte auch uns neu werden lassen, damit wir Christus aufnehmen können, unter welcher Gestalt er auch zu uns kommen mag. An Weihnachten kommt er als kleines, hilfloses Kind, vollständig angewiesen auf seine Mutter und all das, was die Mutterliebe geben kann. Die Demut ermöglichte der Mutter, die Magd des Herrn zu sein – ihm zu dienen: Christus, Gott von Gott, dem wahren Gott vom wahren Gott. Können wir erfassen, welch großes Geheimnis ihre abgrundtiefe Demut erfüllt hat? Von Jesus und Maria können wir lernen. Wenn wir möchten, dass Gott uns erfüllt, müssen wir durch die Demut uns freimachen von allem Egoismus, der in uns ist.

8 Bitten wir Maria, dass sie unser Herz „gütig und demütig" mache, wie das Herz ihres Sohnes war. Von ihr und in ihr wurde das Herz Jesu geformt. Versuchen wir in diesem Monat, Demut und Güte zu üben. Demut lernen wir, wenn wir Demütigungen freudig annehmen. Nutzen wir jede Gelegenheit dazu. Wie leicht ist es, stolz, hartherzig, launisch und egoistisch

zu sein ... Doch wir sind für Größeres geschaffen. Warum sollten wir uns mit Dingen abgeben, die die Schönheit unseres Herzen zerstören? Wie viel können wir von der Muttergottes lernen! Sie war demütig, weil sie ganz Gott gehörte. Sie war voll der Gnade. Sie nutzte die allmächtige Kraft, die in ihr war, die Gnade Gottes.

9 Demut strahlt immer die Größe und Herrlichkeit Gottes aus. Wie wundervoll sind Gottes Wege: Durch seine Demut, Niedrigkeit, Hilflosigkeit und Armut hat er der Welt gezeigt, wie sehr er sie liebt. Die *Missionarinnen der Nächstenliebe* sollten keine Angst haben, demütig, niedrig und hilflos zu sein, um Gott ihre Liebe zeigen zu können.

10 Wenn wir unseren Herrn und den Nächsten lieben, wird unsere Demut wachsen. Und wenn wir demütig sind, wird unsere Liebe echt, hingebungsvoll und brennend sein.

11 Bemühen wir uns aufrichtig, von Jesus, der gütig und von Herzen demütig war, zu lernen, was Heiligkeit ist. Zunächst lehrt er uns die Gewissenserforschung. Alles weitere – Liebe und Dienst – wird unmittelbar folgen. Die Gewissenserforschung ist nicht allein unser Werk, sondern Jesus hilft uns dabei. Verlieren wir keine Zeit mit unnützen Betrachtungen unserer Schwächen und unseres Elends! Erheben wir unser Herz zu Gott, und lassen wir uns von seinem Licht erleuchten, damit er seinen Weg mit uns gehen kann.

12 Gott möchte, dass wir ganz nah bei ihm sind. Der heilige Johannes schreibt, dass man eine Lanze in Jesu Seite stieß (vgl. Joh 19,34). Jesus öffnet uns sein Herz. Wenn ihr klein werdet, könnt ihr in sein Herz gelangen. Vielleicht nenne ich mich selbst einen Sünder, aber sobald ein anderer mich so nennt, fange ich an, mich zu wehren. Wenn ich zu Unrecht angeklagt werde, leide ich vielleicht, aber tief im Innern empfinde ich eine Freude. Wenn dagegen die Zurechtweisung berechtigt ist, wenn ich sie aus irgendeinem Grund verdient habe, dann ist es oft schmerzlicher. Wir müssen froh sein, wenn unsere Fehler bekannt werden. Seien wir offen zu unseren Vorgesetzten, auch was unsere Fehler und Unzulänglichkeiten betrifft.

13 Ihr könntet auch Visionen und Ekstasen haben und euch dennoch täuschen. Seid wachsam! Ihr sagt: Ich kann dies nicht tun, ich kann jenes nicht tun, aber vielleicht ist es bloß Faulheit, hinter der sich euer Stolz verbirgt. Die seidenen Fäden des Stolzes und der Selbsttäuschung können besondere Fähigkeiten und Talente verbergen, zum Beispiel eine schöne Stimme oder die Fähigkeit, andere glücklich zu machen.

14 Sich beklagen und sich entschuldigen, das ist ganz natürlich. Aber der Teufel bedient sich dieser Mittel, um unseren Stolz zu mehren.

15 Demut ist die Mutter aller Tugenden: der Reinheit, der Liebe, des Gehorsams. Die Heiligen gründeten ihr Leben auf die Demut. Nächstenliebe und Stolz sind unvereinbar, denn der Stolz tut alles für sich selbst, während die Liebe geben will. Die demütigen Schwestern werden am meisten geliebt. Wenn wir erkennen, wer wir sind, werden wir klein, und das ist eine Voraussetzung, um lieben zu können. Gotteserkenntnis schenkt Liebe, und Selbsterkenntnis macht demütig.

16 Ohne Selbsterkenntnis kann man nicht beichten. Einige Heilige haben sich als schlimme Verbrecher bezeichnet, denn sie sahen Gott, sie sahen sich selbst – und sie sahen den Unterschied. Daher waren sie nicht überrascht, wenn sie angeklagt wurden, selbst wenn es zu Unrecht geschah. Wenn wir uns gekränkt fühlen, dann deshalb, weil wir uns selbst nicht kennen und weil wir unseren Blick nicht allein auf Gott gerichtet haben; so haben wir auch keine wahre Kenntnis Gottes. Wenn die Heiligen mit einem solchen Entsetzen auf sich selbst schauten, dann war das nicht vorgespielt, sie empfanden das wirklich so.

17 Wir müssen die Selbsterkenntnis von der Sünde unterscheiden. Die Selbsterkenntnis hilft uns, wieder aufzustehen, während die Sünde und die Schwäche, die immer wieder zur Sünde führt, uns entmutigen. Aus der Selbsterkenntnis erwachsen große Zuversicht und festes Vertrauen, denn wenn du dich kennst, wendest du dich an Jesus, damit er dich in dei-

auf das ewige Glück und ist eine Flamme brennender Liebe.

21 Nichts schützt uns besser vor Versuchungen als die Freude. Ein frohes Herz weiß, wie es sich vor dem Teufel schützen kann. Wenn wir uns Jesus mit Freude ausliefern, kann er von unserer Seele Besitz ergreifen. „Ein Heiliger, der traurig ist, ist ein trauriger Heiliger", pflegte der heilige Franz von Sales zu sagen. Die heilige Teresa machte sich nur dann Sorgen um ihre Schwestern, wenn sie sah, dass eine von ihnen die Freude verlor.

22 Schenkt den Kindern und den Armen, den Leidenden und Einsamen immer ein fröhliches Lächeln; schenkt ihnen nicht nur eure Aufmerksamkeit, sondern auch euer Herz. Auch wenn wir nicht viel zu geben haben, können wir doch immer die Freude geben, die aus einem Herzen kommt, das in Gott verliebt ist. Freude ist sehr ansteckend. Seid deshalb immer voller Freude, wenn ihr zu den Armen geht.

23 Jemand fragte mich einmal: „Sind Sie verheiratet?" Ich antwortete: „Ja, und manchmal ist es sehr schwierig, meinem Bräutigam zuzulächeln, denn gelegentlich verlangt er sehr viel von mir." So ist es tatsächlich. Wahre Liebe beginnt da, wo sie uns etwas kostet. Gerade dann können wir Jesus mit Freude schenken, was er verlangt.

24 Wir möchten Jesus zur Weihnachtszeit willkommen heißen, nicht in einer kalten Krippe, der unser Herz bisweilen gleicht, sondern in einem Herzen voller Liebe und Demut, in einem reinen, unbefleckten Herzen, in einem warmen Herzen, das erfüllt ist von der Liebe füreinander.

25 Mit der Geburt Jesu in Betlehem kam Freude in die Welt und in die Herzen aller Menschen. Derselbe Jesus kommt in der heiligen Kommunion immer wieder in unser Herz. Er möchte uns dieselbe Freude und denselben Frieden schenken wie damals. Möge sein Kommen an diesem Weihnachtsfest jedem von uns den Frieden und die Freude geben, die er uns schenken will. Beten wir inständig um die Gnade des Friedens und der Freude in unserem Herzen, in unseren Gemeinschaften und in der Kirche.

26 Jesus ist in die Welt gekommen, um uns die frohe Botschaft zu bringen, dass Gott Liebe ist. Er liebt uns, er liebt dich und mich. Er möchte, dass wir einander lieben, wie er jeden von uns liebt. Lieben wir ihn!
Wie liebte ihn der Vater? Er schenkte ihn uns.
Wie hat Jesus uns geliebt? Er gab sein Leben für uns; er gab uns alles, was er hatte, für mich und für dich. Aus Liebe zu uns ist er am Kreuz gestorben. Wenn wir auf das Kreuz schauen, verstehen wir die Größe seiner Liebe.
Wenn wir auf die Krippe schauen, verstehen wir die Zärtlichkeit seiner Liebe zu dir und mir, zu deiner

Familie und jeder Familie. Dazu ist Jesus gekommen: um uns die Zärtlichkeit der Liebe Gottes zu zeigen. „Ich habe dich beim Namen gerufen, du gehörst mir" (Jes 43,1).

27 Fröhlichkeit und Freude waren die Kraft Marias. So wurde sie zu einer willigen Magd Gottes. Als sie Jesus empfangen hatte, ging sie in Eile über die Hügel Judäas, um für ihre Kusine Elisabet die Arbeit einer Magd zu verrichten. Nur ihre innere Freude konnte ihr die Kraft dazu geben. So sollte es auch für uns sein: Wie Maria müssen wir „Magd des Herrn" sein und uns jeden Tag nach dem Empfang der heiligen Kommunion eilends aufmachen über die Hügel der Schwierigkeiten, um aus ganzem Herzen den Armen zu dienen. Bringt Jesus zu den Armen wie eine Magd des Herrn.

28 Freude ist Gebet; Freude ist Stärke; Freude ist Liebe, ein Netz von Liebe, mit dem du Seelen fangen kannst. „Gott liebt einen fröhlichen Geber" (2 Kor 9,7). Er erfüllt den am meisten, der mit Freude gibt. Wenn ihr bei der Arbeit Schwierigkeiten habt und sie mit Freude, mit einem Lächeln annehmt, werden die Menschen – wie in jeder anderen guten Sache – eure guten Werke sehen und den Vater im Himmel preisen. Die beste Art, um Gott und den Menschen eure Dankbarkeit zu zeigen, besteht darin, alles mit Freude anzunehmen. Wenn einer vor Liebe brennt, ist sein Herz voller Freude.

29 „Ihr aber, für wen haltet ihr mich?"
(Mt 16,15).
Du bist Gott, Gott von Gott, gezeugt, nicht geschaffen,
eines Wesens mit dem Vater.
Du bist der Sohn des lebendigen Gottes,
die zweite Person der Heiligsten Dreifaltigkeit.
Du bist eins mit dem Vater,
du bist im Vater von Anbeginn an;
alles wurde durch dich und den Vater geschaffen.
Du bist der geliebte Sohn, an dem der Vater Gefallen gefunden hat.
Du bist der Sohn von Maria, empfangen durch den Heiligen Geist in ihrem Schoß.
Du wurdest in Betlehem geboren,
von Maria in Windeln gewickelt und in eine Krippe mit Stroh gelegt.
Du wurdest gewärmt vom Atem des Esels.
Du bist der Sohn Josefs, des Zimmermanns, so haben dich die Leute in Nazaret genannt.
Du bist ein einfacher Mann ohne große Bildung; so beurteilten dich die Gebildeten in Israel.

30 Wer ist Jesus für mich?
Das Wort, das Fleisch wurde,
das Brot des Lebens,
das Opfer, das für unsere Sünden
am Kreuz gestorben ist,
das Opfer, das bei der heiligen Messe für die Sünden der Welt und für meine Sünden vergegenwärtigt wird.
Jesus ist für mich
das Wort, das verkündet werden will,

die Wahrheit, die offenbar werden will,
der Weg, der begangen sein will,
das Licht, das angezündet werden will,
das Leben, das gelebt werden will,
die Liebe, die geliebt werden will,
die Freude, die geteilt werden will,
das Opfer, das dargebracht werden will,
der Friede, der geschenkt werden will,
das Brot des Lebens, das zur Speise werden will.
Jesus ist der Hungrige, der Nahrung braucht,
der Dürstende, der zu trinken braucht,
der Nackte, der Kleidung braucht,
der Heimatlose, der eine Herberge braucht,
der Kranke, der Heilung braucht,
der Einsame, der Liebe braucht,
der Unerwünschte, der geliebt werden möchte,
der Leprakranke, dessen Wunden
gewaschen werden müssen,
der Bettler, der auf ein Lächeln wartet,
der Trunkenbold, der auf ein offenes Ohr wartet,
der Geisteskranke, der beschützt sein möchte,
das Kind, das in die Arme genommen werden möchte,
der Blinde, der geführt werden möchte,
der Stumme, für den ein anderer sprechen muss,
der Krüppel, den jemand stützen muss,
der Drogensüchtige, der auf Beistand wartet,
die Prostituierte, die aus ihrem Schicksal
befreit werden möchte,
der Gefangene, der besucht werden möchte.
der Alte, der Unterstützung braucht.

31 Für mich ist Jesus
mein Gott,
mein Bräutigam,
mein Leben,
meine einzige Liebe.
Jesus ist das Wichtigste in meinem Leben,
mein Ein und Alles.
Jesus, ich liebe dich
aus ganzem Herzen,
mit meinem ganzen Sein.
Ich habe ihm alles gegeben,
auch meine Sünden,
und er hat mich in seiner zärtlichen Liebe
zur Braut genommen.
Jetzt und für mein ganzes Leben
bin ich die Braut meines gekreuzigten Bräutigams.
Amen.

Schriftstellenregister

Personenregister

Sachregister

Mutter Teresa im Verlag Neue Stadt

Renzo Allegri

MUTTER TERESA
Ein Lebensbild

176 Seiten, gebunden,
ISBN 978-3-87996-732-2

Eine packend geschriebene Biografie von Mutter Teresa. Mit dokumentarischen Fotos.

WIE EIN TROPFEN IM OZEAN
Hundert Worte
von Mutter Teresa

112 Seiten, gebunden,
ISBN 978-3-87996-374-4

Die schönsten Worte und Kurztexte von Mutter Teresa in einem schön gestalteten Geschenkband, zusammengestellt und herausgegeben von Wolfgang Bader.